古典文獻研究輯刊

二七編

潘美月・杜潔祥　主編

第 7 冊

如切如磋：經學文獻探研錄（上）

陳　才　著

國家圖書館出版品預行編目資料

如切如磋：經學文獻探研錄（上）／陳才 著 ── 初版 ── 新北市：
花木蘭文化事業有限公司，2018〔民 107〕
序 6+ 目 2+154 面；19×26 公分
（古典文獻研究輯刊 二七編；第 7 冊）
ISBN 978-986-485-565-0（精裝）
1. 經學 2. 文獻學 3. 研究考訂
011.08   107012287

ISBN-978-986-485-565-0
9 789864 855650

古典文獻研究輯刊
二七編 第 七 冊   ISBN：978-986-485-565-0

如切如磋：經學文獻探研錄（上）

作 者 陳 才
主 編 潘美月 杜潔祥
總 編 輯 杜潔祥
副總編輯 楊嘉樂
編 輯 許郁翎、王筑 美術編輯 陳逸婷
企劃出版 北京大學文化資源研究中心
出 版 花木蘭文化事業有限公司
發 行 人 高小娟
聯絡地址 235 新北市中和區中安街七二號十三樓
     電話：02-2923-1455 ／傳真：02-2923-1452
網 址 http://www.huamulan.tw 信箱 hml810518@gmail.com
印 刷 普羅文化出版廣告事業
初 版 2018 年 9 月
全書字數 243890 字
定 價 二七編 24 冊（精裝）新台幣 46,000 元

如切如磋：經學文獻探研錄（上）

陳才　著

作者簡介

陳才，安徽無爲人，文學博士，上海博物館副研究館員，中國詩經學會會員、中國歷史文獻研究會會員、中國文字學會會員、中國訓詁學研究會會員、上海市儒學會會員，上海圖書館兼職參考館員，上海市國學新知傳統文化學習中心理事，主要從事詩經學文獻和朱子學文獻的研究。發表學術論文和書評數十篇，主持國家社會科學基金後期資助項目 1 項、安徽省古籍整理出版辦公室項目 1 項，點校古籍若干部。

提　　要

　　本書共收錄論文 36 篇，包括《詩經》研究篇、文字音韻訓詁校勘篇、出土文獻篇、書評篇和商榷篇五部分。

　　《詩經》研究篇收錄論文 8 篇。其中既有《詩經》中詞義的札記，也有對胡承珙詩經學的研究，還有對董治安先生注《詩》成就的揭示，以及對日本東洋文庫本《毛詩》殘卷的研究。

　　文字音韻訓詁校勘篇共收錄論文 7 篇，除第二篇《李世民詩歌用韻考》之外，其他都與《詩經》相關。其中既有對《詩經》中訛俗字的辨析，也有對《詩經》中某個詞義的考察，還有《詩經》校勘中的一些問題。文章既有具體的考察，也有理論層面的思考。

　　出土文獻篇共收錄論文 3 篇，都是關於清華簡《耆夜》篇的研究。《耆夜》篇可視作涉《詩》文獻。文章或對既有研究中忽視的幾個問題加以強調，或對《耆夜》篇中《蟋蟀》詩關文予以補足，或用以反觀後儒的《詩經》解讀。

　　書評篇收錄論文 11 篇，涉及經、史、子三部，其中關於《詩經》的有 3 篇。所評著作，或爲舉世公認的名著，或爲前輩名家的得意之作，或爲青年俊彥的優秀成果。

　　商榷篇收錄論文 7 篇。其中既有對名家名著疏失的補正，也有對古籍整理疑誤的糾正，還有對古籍整理失誤情況及其理論的思考。所商榷者，既有某個學術觀點，也有古籍整理方面的具體失誤，還有當代文化熱點。

自　序

　　2007 年，我辭去教職，遠赴美麗的邕城，進入廣西大學文學院，師從謝明仁教授攻讀碩士學位。謝師命以治經，說：「前輩學者往往兼通群經，但對於我們而言，可以先通一經，將來有餘力，再通他經。」於是我選取《詩經》作爲自己的研究方向，在老師的指導下研習《詩經》，並以胡承珙《毛詩後箋》作爲研究對象，撰寫碩士學位論文。2010 年碩士畢業後，又負笈滬上，師從朱傑人教授繼續研習《詩經》，以朱子詩經學作爲研究對象，撰寫博士學位論文。2013 年進入上海博物館敏求圖書館工作後，在承擔新的工作任務的同時，我始終沒有放棄對《詩經》的學習與研究，希望可以在這個領域有所收穫，以不辜負兩位恩師的教導。

　　在研究過程中，免不了要將自己的心得形成文字，並謀求公諸同好。而這些文章過於專門，大多刊發於業內較爲小眾的刊物，流傳不廣。因此，我希望能有一個結集的機會，將部分論文集中起來，以獻給學界，同時也可以作爲自己求學、治學生涯的一個回顧。幸蒙花木蘭文化事業有限公司不棄，慨允出版。本集共收錄論文 36 篇，大致包括 5 類。現按類逐篇將這些論文撰寫的情況及編選入集的意圖作一簡介。

　　雖然我喜歡新鮮，興趣廣泛，在多個領域有所嘗試，但始終以《詩經》作爲學習和研究的中心，故本集開篇以「《詩經》研究篇」爲題，作爲第一部分。這一部分收錄八篇論文，是我在《詩經》及詩經學文獻方面的研究成果。《〈詩〉詞漫志》和《〈詩〉詞續志》兩篇是對《詩經》中一些詞語的解釋提出自己粗淺的看法，或試息古人之訟爭，或試正今人之誤解。《胡承珙的箋〈詩〉立場論略》《〈毛詩後箋〉對〈詩經〉的校勘平議》《胡承珙〈毛

詩後箋〉成書及版本考述》三篇是在碩士學位論文的基礎上有所修改而成的文章，雖然稚嫩，但於我個人來說，是一段令人懷念的過往，也是一個十分有意義的學步。《胡承珙〈毛詩稽古編後跋〉疏解》是對胡承珙詩經學的後續研究，而《毛詩稽古編》也在我的研究計劃中。謝師師從董治安先生，對董先生非常敬重。董先生過世的次年，謝師指導我撰寫《董治安先生注〈詩〉平議》一文，談談董先生在《詩經》注釋上的成就，參加董先生學術研討會。文章以謝師和我合作署名，今蒙謝師允准，收入本集。《東洋文庫本〈毛詩〉殘卷補說》是我首次對日本藏《詩經》寫卷的研究。論文在既有研究的基礎上，將這個唐鈔本《毛詩》殘卷定名為《毛詩傳箋（唐風蟋蟀－鴇羽）》，並對其中旁注小字和狩野直喜跋文作了細緻分析。遺憾的是，我尚無餘暇將本文姊妹篇《〈毛詩傳箋（唐風蟋蟀－鴇羽）〉殘卷斠釋》寫出，因此不能一併收入。

文字學、音韻學、訓詁學是古典文獻學專業工作者必須掌握的基礎知識和治學工具，而古人治學又不外校勘與訓詁二途，故本集次以「文字音韻訓詁校勘篇」為題，作為第二部分。這一部分收錄七篇論文，除第二篇外，其他都與《詩經》的研究相關。《詩經》中「美目盼兮」，有些刻本作「盼」。我撰寫《盼、盼、眄互訛瑣談》一文，考察這三個字形互訛的情況，並以此為出發點，提出了一個觀點：某個字形可能會在不同時期作為不同字的俗字。《李世民詩歌用韻考》是我碩士階段學習音韻學的一篇習作，也是我唯一的一篇關於音韻學的論文。現在我的學術興趣轉移，估計不會再做相關研究了，因此也收入本集，以作紀念。《詩經》「無使尨也吠」，尨，《說文解字》的解釋是「犬之多毛者」，後人都誤認為指獅子狗。《釋尨》一文梳理文獻，提出《說文》的解釋是尨的本義，但是是指花狗。在此基礎上，文章清楚地梳理尨字各義項之間的引申關係。《詩經》「其雨其雨」，「其」字以朱熹《詩集傳》的解釋最佳。今人之治朱子學者，往往泛泛而談朱熹訓詁如何如何，卻不能明其所以。這與朱子所提倡的讀書、治學精神是背道而馳的。《從「其」字釋義看朱子的讀書方法》一文不足三千言，目的在於督促自己將朱熹在讀書、治學方法的精髓繼承下來，而不能只學其表，不及其裏。《詩經》「誰謂鼠無牙」，牙，朱熹《詩集傳》的解釋是「牡齒」，承《說文》而來。我考定，《說文》中的這個「牡齒」應該作「壯齒」。《詩經》「不可休思」，有人認為「思」「息」二字通假，有人認為「思」是「息」的訛字。我梳理文獻中二字互訛的情況，

提出這兩個字互訛的可能性更大一些，並進而提出，文獻中形近互訛被誤認作音近通假的情況可能並非孤例，而是一類現象。十三經的文本層次複雜，要想恢復到文本的初始面貌是不可能的，但也不能局限於版本校，而忽視了對其原貌的探索。因爲版本校最多只能恢復到宋本的原始面貌，而傳世宋本又以坊刻居多，其意義十分局限。清儒在這方面做了許多理校，很有意義，至今未能引起學界的足夠重視。我原打算就清儒校勘《詩經》問題作一專題研究，無奈時間和精力不允許，僅對胡承珙的《詩經》校勘作了初步考察，就停止了研究步伐。《阮元本〈十三經注疏〉誤刻六則——兼談古籍校勘中參校對象的問題》舉出六個具體的例子，以爲嘗試，並藉此談了我對古籍整理參校對象問題的看法。

　　《詩三百》在先秦時期就已經爲人們所重視，典籍中不乏稱引之處。《詩經》研究與出土文獻研究是緊密相連的。一方面，是出土《詩經》文獻的研究，包括敦煌《詩經》寫卷、阜陽漢簡《詩經》的研究。此外安徽大學藏戰國《詩》簡和湖北荊州戰國《詩》簡，正在整理中，尚未公佈。另一方面，是出土涉《詩》文獻的研究，包括上博簡、清華簡等。出土文獻爲《詩經》研究提供了很好的視角和很有益的補充，故本集次以「出土文獻篇」，作爲第三部分。這一部分收錄論文三篇，都是關於清華簡《耆夜》篇的。《清華簡〈耆夜〉篇拾遺》是對既有研究中被忽視的幾個問題，特別是文獻性質加以強調。《清華簡〈蟋蟀〉詩闕文試補》是通過與《詩經》中《唐風·蟋蟀》篇的對比，完整地補出殘簡闕文。《由清華簡〈蟋蟀〉詩看歷代詩經學的幾處誤讀——兼談清華簡〈尹至〉〈金縢〉〈耆夜〉三篇的辨僞》則就簡文與傳世《詩經》對讀，重新思考《詩經》中的幾處訓詁問題，並就此對清華簡《耆夜》篇的辨僞提出看法。

　　學術評價是學術活動中不可或缺的一部分。以期刊、出版社所謂的等級來衡量文章、專著的學術價值，是不合理的，而由專業領域內學者去評價，則相對可行。作爲古典文獻學出身圖書館工作人員，撰寫書評是開展工作、進行研究的一個重要方面，故本集次以「書評篇」，作爲第四部分。這一部分收錄書評十一篇，所評價的專著，或爲舉世公認的名著，或爲前輩名家的得意之作，或爲青年俊彥的優秀成果。其中三篇與《詩經》研究專著相關：郭全芝教授和黃忠愼教授一直以來，對我多有指導和提攜，他們在詩經學領域多有創獲；袁梅先生是老前輩，米壽之齡仍然筆耕不輟，彙編《詩經》異文，

是我們後輩學習的楷模。朱子無尚書學專著，陳良中教授的研究從學理上確立了「朱子尚書學」這一命題，並揭示了它的豐富內涵。許建平教授學問精深，氣象博大，在敦煌學領域辛勤耕耘，取得了很大的成就。他的許多文章具有範式意義，可以給有意進入敦煌學領域的研究者開示治學門徑。華東師範大學出版社約請我整理蔣伯潛《語譯廣解四書讀本》，以《四書新解》為題，重新出版。我前後校閱四五過，勞高功少，但此書於今人頗有價值，我也樂意為之推薦。顧宏義教授治宋史與宋代文獻，所著《宋代〈四書〉文獻論考》學術性與工具性兼備，將四書學研究推向一個新的高度。袁珂先生是新時期研究《山海經》的一位重要人物。他以神話學視野研究《山海經》，取得了舉世公認的成就。其《山海經校注》一版再版，堪稱名篇。後浪出版公司據其遺稿出版《山海經校注》的最終修訂版，傳播文化，值得表彰。陳夢家先生是詩人，也是學者。金城出版社於陳先生誕辰 105 週年、逝世 50 週年之際，出版《美國所藏中國銅器集錄》，以作紀念，並邀我作為特約編輯，校對文字。我撰寫小文，將此書在青銅器著錄上的典範意義揭出。沈從文是我喜歡的一位作家，他筆下湘西世界的神秘、淳樸與自然，讓我十分嚮往。與陳夢家先生一樣，沈從文也由文學創作轉到學術研究中。單位工會組織讀書活動，我草擬了一篇沈從文學術著作的學習體會。青年學者樊波成，學有根柢，所著《老子指歸校箋》，作為校箋類著作，在吸收了前人之長的基礎上有所推進。

　　學術批評也是學術活動中不可或缺的一部分。「經典沉深，載籍浩瀚」，我們研究中國古典學術，學問再大的學者恐怕都難免會犯這樣那樣的疏失，故本集次以「商榷篇」收篇，作為第五部分。這一部分共收錄文章七篇，既有對名家名著疏失的補正，也有對古籍整理疑誤的糾正，還有對古籍整理失誤情況的理論思考。就《詩經》的研究來說，後代學者往往是在對前代學者糾謬的過程中，推進了詩經學的發展。鄭玄正毛公之疏失，朱熹正漢唐諸儒之不足，後儒正朱熹之錯誤，無傷毛公、鄭玄、朱熹在詩經學領域的卓越成就和不朽貢獻。學術批評是推動學術發展的一種手段，而不是貶低別人學術和人格的工具。現在學術界有一個不好的現象，少數人學術倫理失範，尚未窺知某個專業領域的學術門徑，卻喜歡無端指責別人。我將這幾篇商榷文章貢獻出來，也意在可以給那些失範者提供一些參考。

　　本次結集，除了對原文作出一些技術性改動之外，大體上一仍其舊貌，不作修訂。當然，原文的手民誤植或措辭上明顯訛誤之處，則適當加以改正。

本次所作的技術性改動爲：刪去原文中的摘要和關鍵詞；注釋格式上，適當加以調整，以保持全書體例統一；所引論文收入本集的，則加註本書頁碼，以作附註。

編輯這部論文集的同時，我借機回顧了自己學術上不斷成長的一段歷程。師長教誨、朋友切磋、思考時的迷惘、解惑後的快樂，等等情景，歷歷在目。感慨之餘，唯有感謝。在我學習和研究的過程中，師長們給了我許多教誨與鼓勵，朋友們給了我許多幫助與督促，宛如兄弟姐妹的師兄弟師姐妹們給我枯燥的治學過程帶來了許多歡樂與快慰。感謝這些師友們出現在我的學術成長過程中，伴隨並見證了我在學術上的點滴進步。此外，這世上的生活大多平凡，許多事物往往平常。然而其中所蘊含的美與善，是不敏如我僅憑自己有限的認知能力，怎麼都難以認識到的。所幸也有人幫助我去體認。這二者是我學習與研究中的額外收穫，故特別提出，記在篇末。

目次

上 冊

自 序

一、《詩經》研究篇 ……………………………… 1

  《詩》詞漫志 …………………………………… 3

  《詩》詞續志 ………………………………… 13

  胡承珙的箋《詩》立場論略 ………………… 23

  《毛詩後箋》對《詩經》的校勘平議 ………… 39

  胡承珙《毛詩後箋》成書及版本考述 ……… 51

  胡承珙《毛詩稽古編後跋》疏解 …………… 61

  董治安先生注《詩》平議 …………………… 73

  東洋文庫本《毛詩》殘卷補說 ……………… 83

二、文字音韻訓詁校勘篇 ……………………… 97

  昐、盼、眄互訛瑣談 ………………………… 99

  李世民詩歌用韻考 ………………………… 107

  釋尥 ………………………………………… 115

  從「其」字釋義看朱熹的讀書方法 ……… 121

  《說文解字》「牡齒」當為「壯齒」辨 ……… 125

  文獻中「息」「思」互訛問題瑣談 ………… 135

  阮元本《十三經注疏》誤刻六則——兼談古籍校
    勘中參校對象的問題 …………………… 147

下 冊

三、出土文獻篇 ……………………………… 155

  清華簡《耆夜》篇拾遺 …………………… 157

  清華簡《蟋蟀》詩闕文試補 ……………… 169

  由清華簡《蟋蟀》看歷代詩經學的幾處誤讀——
    兼談清華簡《尹至》《金縢》《耆夜》三篇的辨
    偽 …………………………………………… 179

四、書評篇 …………………………………… 191

  《詩》中沉潛勤「述學」 巨椽寫就好文章——
    讀郭全芝教授《清代〈詩經〉新疏研究》 … 193

  別樣的精彩——讀黃忠慎教授《清代詩經學論
    稿》 ………………………………………… 203

《詩經》異文的全面研究——評袁梅先生《詩經異文彙考辨證》 …………………………………… 213

復原朱子尚書學原貌——評陳良中教授《朱子〈尚書〉學研究》 …………………………………… 219

遍搜遺籍治群經——讀許建平先生《敦煌經學文獻論稿》 ………………………………………… 223

淺直的語言揭示深刻的道理——評《四書新解》 ……………………………………………………… 227

學術性與工具性兼備——評顧宏義先生《宋代〈四書〉文獻論考》 ……………………………… 231

神話學視野下的《山海經》新注——評袁珂先生《山海經校注》 ………………………………… 235

古器物著錄的典範之作——兼談金城版《美國所藏中國銅器集錄》 …………………………… 243

「星斗其文，赤子其人」——讀沈從文先生《花花朵朵 罎罎罐罐》 ……………………………… 249

傳承中有所創新的一種校箋新體式——評樊波成《老子指歸校箋》 …………………………… 253

五、商榷篇 ………………………………………………… 257

宋以後第三人稱代詞「伊」、「渠」的演化——兼談王力先生《漢語語法史》一處疏失 ……… 259

說「文人相輕」——讀《漢語大詞典》札記一則 ……………………………………………………… 267

劉師培《經學教科書》注釋斠補 ………………… 269

鳳凰本朱熹《詩集傳》點校商榷 ………………… 281

《爾雅注疏》點校零識 …………………………… 293

也說「致敬國學」——兼及幾點眞誠的建議 …… 299

古籍整理失誤片談 ……………………………… 303

一、《詩經》研究篇

《詩》詞漫志

　　《詩》、《書》向稱難讀，首要原因即是其間詞義難明。一段時間以來，學者注釋《詩經》，多僅求文義通順，於語言本身和社會歷史層面的關注則略顯不足。本文就《詩經》詞句之訓詁，准以《傳》、《箋》，核以《說文》，參以後世之論，再考其文理，審其辭氣，並驗諸他卷，兼顧語言之共時與歷時因素以及詩經時代的社會、歷史、文化背景，試作考釋四則，力圖還原本義，庶可俾讀《詩》者一二助焉云。文中錯誤難免，懇請博雅君子有以教之！

一、釋我心匪鑒

　　《邶風・柏舟》二章：「我心匪鑒，不可以茹。」

　　《毛傳》：「鑒，所以察形也。」《鄭箋》亦云「所以察形」云云。《經典釋文》：「監，本又作『鑒』，甲暫反，鏡也。」自來解《詩》者，多據《釋文》訓鑒為鏡，蓋亦以《釋文》與《毛傳》、《鄭箋》義同。諸治訓詁之學者，亦多以鑒、鏡為一物，未有異說。如，遼僧行均之《龍龕手鏡》，傳至宋國，則因避趙敬之嫌名諱而改成《龍龕手鑒》。實則此說未安。鑒，《說文》作「鑑」，變上下結構為左右結構，二字部件相同，本當為同一字。其古字作監，如《尚書・酒誥》：「君無於水監，當於民監。」而《莊子・德充符》：「人莫鑑於流水，而鑑於止水。」《國語・吳語》：「王其盍亦鑑於人，無鑑於水。」此鑒（鑑）皆由名詞引申為動詞，指察形而言，其本義則當指所以察形之物。本詩《毛傳》之訓正是。《周禮・天官・凌人》：「祭祀，共冰鑑。」《周禮・秋官・司烜氏》：「以鑒取明水於月。」此二處之義，正同《詩經・邶風・柏舟》。

　　出土之古器物中有鑒也有鏡，如婦好墓中即有四面青銅鏡，但鑒卻與鏡

不同，鑒爲水器，其形制類盃，可盛水或冰。蓋其盛水可以察人之形，所以引申爲察形之義。於此可知《毛傳》、《鄭箋》釋義之妙。袁愈荌譯詩、唐莫堯注釋之《詩經全譯》釋「鑒」爲：「青銅器名。古人盛水於鑒以照影，戰國以後銅鏡也稱爲鑒。」〔註1〕所言甚諦。然本書又譯此句爲「我心不是那明鏡」〔註2〕，則不大恰當，「鑒」字直接譯出即可，不必改譯爲鏡。

戰國時期鑒、鏡相混，可能是由於鑒察形的功能已爲鏡所取代。而後世遂逐漸忽視了二者之差別，遂誤以此二物爲一，至少在陸德明的時代，此二者之間的區別已經全然不知了。

由此也提醒我們，對時代越古的注解，越應該更加給予重視，絕不能輕易憑自己的生活經驗或主觀理解改動古注。清儒胡承珙在談及其治《詩》何以要綜毛時，曾做過一個形象的比喻：「平心而論，問高曾者，必於祖父；談失火者，必先里鄰。」〔註3〕正闡明其中深意。王力在《訓詁學的一些問題》一文中認爲訓詁當重視故訓，他說：「漢儒去古未遠，經生們所說的故訓往往是口口相傳的，可信程度較高。……因此，我們應該相信漢代的人對先秦古籍的語言比我們懂得多些，至少不會把後代產生的意義加在先秦的詞彙上。」〔註4〕王先生之說，於此可見一斑。

二、釋受侮不少

《邶風·柏舟》：「覯閔既多，受侮不少。」

《毛傳》、《鄭箋》於「侮」字皆未釋；《正義》以爲「侵侮」，得之。今人多訓爲侮辱，殊誤。《說文》：「侮，傷也。」是讀侮爲侵侮之侮。考見於《詩經》之「侮」，並無侮辱之義，多爲欺侮、侵侮之義，如《大雅·烝民》：「不侮矜寡，不畏強暴。」《小雅·正月》：「憂心愈愈，是以有侮。」《大雅·綿》：「予曰有疏附，予曰有先後，予曰有奔奏，予曰有禦侮。」《大雅·皇矣》：「四方以無侮。」《大雅·行葦》：「四鍭如樹，序賓以不侮。」或可引申爲輕慢、侮慢之義，如《豳風·鴟鴞》：「今女下民，或敢侮予。」

〔註1〕 袁愈荌譯詩，唐莫堯注釋：《詩經全譯》（修訂版），貴陽：貴州人民出版社，2008年，第35頁。

〔註2〕 袁愈荌譯詩，唐莫堯注釋：《詩經全譯》（修訂版），第34頁。

〔註3〕 （清）胡承珙：《求是堂文集》，《續修四庫全書》第1500冊，上海：上海古籍出版社，2002年，第267頁上。

〔註4〕 王力：《龍蟲並雕齋文集》第一冊，北京：中華書局，1980年，第343頁。

筆者又核以《左傳》中「侮」字的 11 處用例（其中有幾處是引用《詩經》語句的），亦未見有可解作侮辱者，故本詩之侮字，似不可讀爲侮辱之侮，當訓爲欺侮。「受侮不少」，是指遭受了不少欺侮。

三、釋王事、政事

《詩經·邶風·北門》詩曰：

> 出自北門，憂心殷殷。終窶且貧，莫知我艱。已焉哉！天實爲之，謂之何哉？

> 王事適我，政事一埤益我。我入自外，室人交徧譴我。已焉哉！天實爲之，謂之何哉？

> 王事敦我，政事一埤遺我。我入自外，室人交徧摧我。已焉哉！天實爲之，謂之何哉？

這首詩中二章、三章的「王事」、「政事」對言，其所指爲何，《毛傳》無釋。《鄭箋》解二章曰：「國有王命役使之事，則不以之彼，必來之我；有賦稅之事，則減彼一而以益我。」是鄭玄以「王事」爲邦國受天子所命役使之事，「政事」爲賦稅之事。《孔疏》：「政事云一埤益我，有可減一，則爲賦稅之事。政事是賦稅，則王事是役使可知。役使之事，不之彼而之我，使我勞而彼逸；賦稅之事，減彼一而益我，使彼少而我多。此王事不必爲天子事，直以戰伐行役皆王家之事，猶《鴇羽》云『王事靡盬』，於時甚亂，非王命之事也。」〔註 5〕細繹孔穎達之義，當是以爲，此處「王事」是指征伐行役之事，但不必受天子之命，只不過名義上征伐行役當屬王家之事，所以稱作「王事」。孔氏還引《唐風·鴇羽》亦有「王事」作證。清儒胡承珙則否定了孔穎達的這個說法，認爲「王事」當專指天子之事。〔註 6〕朱熹《詩集傳》：「王事，王命使爲之事。政事，其國之政事也。」〔註 7〕朱熹則改訓王事爲天子所命之事，改訓政事爲諸侯國內之政事，後人多有從之者。而顧炎武《日知

〔註 5〕 （漢）毛亨傳，（漢）鄭玄箋，（唐）孔穎達疏：《毛詩正義》（繁體標點本），北京：北京大學出版社，2000 年，第 201 頁。

〔註 6〕 （清）胡承珙撰，郭全芝校點：《毛詩後箋》，合肥：黃山書社，1999 年，第 208 頁。

〔註 7〕 （宋）朱熹撰，朱傑人校點：《詩集傳》，朱傑人等主編：《朱子全書》（修訂本）第 1 冊，上海：上海古籍出版社，合肥：安徽教育出版社，2010 年，第 436 頁。

錄》則說：「凡交於大國、朝聘、會盟、征伐之事謂之『王事』，其國之事謂之『政事』。」〔註8〕今人屈萬里先生《詩經選注》訓「王事」爲公事，「政事」未訓。〔註9〕馬持盈先生《詩經今注今譯》則訓「王事」爲「王家的私事」，訓「政事」爲「政府的公事」。〔註10〕

就《詩經》時代而言，諸侯僭稱王是不能被天子或其他諸侯容忍的事情。西周時代，徐國稱王，旋爲周穆王所滅；戰國時代的齊威王和魏惠王互相承認對方稱王，也被他國視爲重大事件；而其間楚、吳、越曾先後稱王，但三國地處蠻夷，不可與中原諸國等而視之。故，即使《邶風》和《唐風》出現「王事」，這個「王」也不當指諸侯，只能理解爲天子，胡承珙對孔穎達的質疑是有道理的。其實，《詩經》中的「王」都是指天子。當時的政令當由天子或諸侯出，也就是說天子有王政，諸侯有國政，政事未必專就邦國言。而本詩中政事之義，孔穎達雖從《鄭箋》，但似未明其由；自宋代後，眾家亦皆未能明，如朱熹和顧炎武，皆當因「政事」與「王事」對舉，而訓其爲「國之政事」。今人譯注亦多誤從朱熹《詩集傳》，於「王事」、「政事」二詞或語焉不詳，或誤解其義。我們要準確地弄清楚這兩個詞的意思，必須要參看這兩個詞的其他用例。

「王事」一詞，僅《詩經》中凡18見，除本篇中2見外，尚有：

《唐風‧鴇羽》3見：「王事靡盬，不能蓺稷黍，父母何怙？」（一章）「王事靡盬，不能蓺黍稷，父母何食？」（二章）「王事靡盬，不能蓺稻梁，父母何嘗？」（三章）

《小雅‧四牡》4見：「王事靡盬，我心傷悲。」（一章）「王事靡盬，不遑啓處。」（二章）「王事靡盬，不遑將父。」（三章）「王事靡盬，不遑將母。」（四章）

《小雅‧采薇》1見：「王事靡盬，不遑啓處。」（三章）

《小雅‧出車》2見：「王事多難，維其棘矣。」（一章）「王事多難，不遑啓居。」（四章）

〔註8〕（清）顧炎武著，黃汝成集釋，樂保群、呂宗力校點：《日知錄集釋》，上海：上海古籍出版社，2006年，第141頁。

〔註9〕屈萬里：《詩經選注》，臺北：正中書局，1976年，第38頁。

〔註10〕馬持盈：《詩經今注今譯》（第6版），臺北：臺灣商務印書館，1979年，第60頁。

《小雅・杕杜》3見：「王事靡盬，繼嗣我日。」（一章）「王事靡盬，我心傷悲。」（二章）「王事靡盬，憂我父母。」（三章）

《小雅・北山》3見：「王事靡盬，憂我父母。」（一章）「四牡彭彭，王事傍傍。」（三章）「或棲遲偃仰，或王事鞅掌。」（五章）

與《左傳》多以「有事」指有戰事相類，這裡的「王事」均指天子的征伐、行役之事。我們再看看先秦時期的其他文獻中的「王事」，如《周易》：

《坤・六三》：含章可貞，或從王事，無成有終。

《訟・六三》：食舊德，貞厲，終吉。或從王事無成。

又如《左傳》：

《僖公四年・傳》：許穆公卒於師，葬之以侯，禮也。凡諸侯薨於朝、會，加一等；死王事，加二等。於是有以袞斂。

《襄公二十九年・傳》：葬靈王，鄭上卿有事。……子展曰：「……王事無曠，何常之有？」

《昭公七年・傳》：若從有司，是無所執逃臣也。逃而舍之，是無陪臺也。王事無乃闕乎？昔武王數紂之罪以告諸侯曰：「紂爲天下逋逃主，萃淵藪。」故夫致死焉。

《昭公十二・傳》：昔我先王熊繹辟在荊山，篳路藍縷以處草莽，跋涉山林以事天子，唯是桃弧、棘矢以共禦王事。

以上數則，可以看出，「王事」是指天子征伐、行役之事。而《周禮》和《禮記》中還有以下5例：

《禮記・檀弓下》：工尹商陽與陳棄疾追吳師，及之。陳棄疾謂工尹商陽曰：「王事也。子手弓，而可手弓。子射諸！」

《禮記・禮器》：大饗，其王事與？

《禮記・喪大記》：既葬，與人立：君言王事，不言國事；大夫、士言公事，不言家事。

《禮記・喪大記》：君既葬，王政入於國，既卒哭而服王事；大夫、士既葬，公政入於家，既卒哭，弁、絰、帶，金革之事無辟也。

《周禮・秋官司寇》：凡諸侯之王事，辨其位，正其等，協其禮，

賓而見之。

這裡的第一例，可視作與前面所說「王事」之義同。中間三例則說明，凡天子祭祀之事也可稱爲「王事」。本來，正如《左傳》所說，「國之大事，在祀與戎」，《左傳》中亦有以「有事」指祭祀之事的，因此，祭祀之事必屬「王事」無疑。而最後一例，又提醒我們，凡王朝之大事，皆當在「王事」之內，比如天子朝覲、策命諸侯等。所以說，「王事」可指天子征伐、行役、祭祀以及朝覲、策命諸侯等大事。當然，典籍中還是以指天子征伐、行役爲多。

此外，金文中關於征伐的一些資料也值得我們注意。西周時期的金文中多有「王征（政、正）」字樣〔註 11〕，是言天子親征。而西周早期的《啓作祖丁尊》有「啓從王南征」，《太保簋》有「王降征令於太保」，西周晚期的《史免簋》有「史免作旅簋，從王征行」，《乖伯歸夆簋》有「王命益公征眉敖」，這說明整個西周時代，也有諸侯奉天子命或隨天子征伐。同樣爲西周晚期的《虢仲盨蓋》有「虢仲以王南征」，這似乎可以理解爲虢國矯天子之命以行征伐；而春秋早期的《曾伯霖簋》則直言「余自用旅簋，以征以行」，這明顯可以看出，這時候的諸侯之間的互相征伐，不必再用「王」來做招牌。雖然春秋時期有諸侯僭稱王，但《左傳》中未見有以「王事」指諸侯言者，所以這個時期文獻中的「王事」仍應視作專指天子而言。而且，春秋時期一直有「尊王」的傳統，天子地位下降，但一直還是名義上的共主，即使是一些霸主，也都是「挾天子以令諸侯」。在春秋時期，作爲霸主的晉國，從來都是尊王的，所以，《唐風‧鴇羽》中的「王事」，也當指天子言。於是，我們還可以進一步就「王事」一詞之義，做出如下推測：在西周時代，征伐皆須由天子或由四方伯長、王朝卿士等奉天子之命以行，故「王事」當專指天子而言；春秋時代，諸侯雖有僭稱王，並互相征伐、朝見大國等，儘管我們不能排除那些僭稱王的國家的文獻中有以「王事」指諸侯言，但這畢竟是不被天子認可的事情，所以這個時期傳世文獻中的「王事」當仍視作指天子言；至於「王事」如顧炎武所說指諸侯「交於大國、朝聘、會盟、征伐之事」，當是在戰國時期，諸侯紛紛僭稱爲王之後才出現的意義。

〔註 11〕 華東師範大學戰國文字研究與應用中心編：《金文引得‧殷商西周卷》，南寧：廣西教育出版社，2001 年；華東師範大學戰國文字研究與應用中心編：《金文引得‧春秋戰國卷》，南寧：廣西教育出版社，2002 年。本文所據金文材料，皆取自本書。

　　政事，多指政令之事，如《周禮・地官・族師》鄭玄注：「政事，邦政之事。」〔註12〕其實，還可指王政之事，如《尚書・說命中》：「惟厥攸居，政事惟醇。」《逸周書・大匡解》：「王乃召冢卿、三老、三吏、大夫、百執事之人，朝於大庭，問罷病之故，政事之失……。」此詩中，《鄭箋》以為賦稅之事，《孔疏》從之，但未能揭明其理由。實際上，《鄭箋》訓為賦稅之事，是讀政為征。《周禮・地官・均人》：「均人掌均地政。」鄭玄注：「政，讀為征。地征，謂地守地職之稅也。」〔註13〕《禮記・檀弓下》：「苛政猛於虎也。」王引之《經義述聞》卷十四：「政，讀曰征，謂賦稅及繇役也。」〔註14〕張滌華先生《讀新版〈辭海〉偶識》亦詳申王引之此說〔註15〕，其結論可信，當從之。政、征皆從正得聲，音同可通。其通假之例，於傳世文獻習見，比如：《管子・小匡》：「寬政役。」《荀子・王制》：「相地而衰政。」《禮記・樂記》：「庶民馳政。」正、政、征三字本同源，三字於出土文獻中通用者甚多，王輝先生《古文字通假字典》列舉了不少例證，可參看。〔註16〕高亨先生《古字通假會典》「正字聲系」下列「正與征」條、「正與政」條、「征與政」條，〔註17〕所舉則是傳世文獻中三字互相通假的例證。

　　鄭玄先注《禮》，後箋《詩》，或是因其於注《禮》中明言「政」通「征」，故於箋《詩》時未揭明通假，僅釋其義。「王事」與「政事」二詞連用，其他文獻未見。此處連用，若以「政事」指王政之事或邦政之事，則與「王事」之意涵有相容之處，故當以鄭玄之釋於義為勝。以「政事」為賦稅之事者，在先秦文獻中尚有《孟子》中的一處用例：

　　　　《孟子・盡心下》：「不信仁賢，則國空虛。無禮義，則上下亂。
　　　無政事，則財用不足。」
第三句，趙岐注曰：「無善政以教人農時，貢賦則不入，故財用有所不足故

〔註12〕　（漢）鄭玄注，（唐）賈公彥疏：《周禮注疏》（繁體標點本），北京：北京大學出版社，2000年，第362頁。

〔註13〕　（漢）鄭玄注，（唐）賈公彥疏：《周禮注疏》（繁體標點本），第409頁。

〔註14〕　（清）王引之：《經義述聞》（影道光七年本），南京：江蘇古籍出版社，2000年，第327頁下。

〔註15〕　張滌華：《張滌華目錄校勘學論稿》，臺北：學海出版社，2004年，第132～133頁。

〔註16〕　王輝編著：《古文字通假字典》，北京：中華書局，2008年，第370～372頁。

〔註17〕　高亨纂著，董治安整理：《古字通假會典》，濟南：齊魯書社，1989年，第59～60頁。

也。」孫奭疏曰：「無政事以理財，則財用之而不足。」孫奭又闡發章旨曰：
「蓋禮義由賢者出，政事由賢者出，不信仁賢則禮義不興，禮義不興則政事
不行，而國之財用於是乎不足。」〔註18〕楊伯峻《孟子譯注》從趙岐之說，
將「無政事」譯作「沒有好的政治」。〔註19〕三說皆不夠恰切。此處亦不若
讀政爲征，以「政事」爲賦稅之事，於義爲順。

綜上，我們可以知道，《詩經·邶風·北門》中的「王事」當是指衛國
受王命所行征伐、行役之事；「政事」即「征事」，指賦稅之事。總體來說，
「王事」一詞，大約在西周時代和春秋時代，一般是專指天子征伐、行役、
祭祀以及朝覲、策命諸侯諸事；大約在戰國時期，則可兼指諸侯外交、朝聘、
會盟、征伐、行役、祭祀之事。「政事」一般指政令之事，可兼就天子與邦
國言；而先秦時代的有些文獻中「政事」，當以「政」通「征」，指賦稅之事。

四、釋言之醜也

《鄘風·牆有茨》曰：

> 牆有茨，不可埽也。中冓之言，不可道也。所可道也，言之醜也。
>
> 牆有茨，不可襄也。中冓之言，不可詳也。所可詳也，言之長也。
>
> 牆有茨，不可束也。中冓之言，不可讀也。所可讀也，言之辱也。

詩中「言之醜也」，今人多以爲此「醜」爲醜惡之醜，如，馬持盈《詩經今注
今譯》就譯作「眞是太丟醜了」。〔註20〕

《詩經·小雅·十月之交》：「十月之交，朔月辛卯，日有食之，亦孔之
醜。」《毛傳》：「醜，惡也。」《說文》：「醜，可惡也。」《十月之交》之日食
事件，當爲可惡之事，而非醜惡之事。《牆有茨》之「言之醜」，亦當指言語
之可惡，而非言語之醜惡。《毛序》說：「牆有茨，衛人刺其上。公子頑通乎
君母，國人疾之而不可道也。馬銀琴先生《兩周詩史》認爲此詩《續序》之
說不可靠，「許多少數民族中都存在過一種『父死妻其後母』的收繼婚俗」，
就《左傳》所載，「至少在這些國家（按，指衛、齊、晉、鄭），收繼婚俗不
但存在，而且相當盛行，時人並不以此爲恥」。「《牆有茨》『中冓之言』乃指

〔註18〕 （漢）趙岐注，（宋）孫奭疏：《孟子注疏》（繁體標點本），北京：北京大學
　　　　 出版社，2000 年，第 455 頁。

〔註19〕 楊伯峻譯注：《孟子譯注》（第 2 版），北京：中華書局，2005 年，第 328 頁。

〔註20〕 馬持盈：《詩經今注今譯》（第 6 版），第 68 頁。

宣姜讒殺太子伋而使衛公室不安之事。」〔註21〕其說可從。那麼，這裡的「言」就是指中冓進讒誣陷之言。如此說，句義正貫：言之醜也，其義當爲中冓進讒誣陷之言甚爲可惡。此蓋漢儒不明先秦風俗，據己意臆斷而致誤。

另，《毛傳》：「中冓，內冓也。」其義難解。《說文》：「冓，交積材也。」故後世多以爲此冓當讀作構，指構屋，引申以指宮室。我頗懷疑這裡冓讀作構，可指誣陷。《左傳‧桓公十六年》：「宣姜與公子朔構急子。」這裡的構正是誣陷之義。《左傳》所載此事，或就本詩而言。

（本文原刊於《華夏文化論壇》第 7 輯，吉林文史出版社，2012 年）

〔註21〕馬銀琴：《兩周詩史》，北京：社會科學文獻出版社，2006 年，第 341～342 頁。

《詩》詞續志

　　本來「《詩》無達詁」，《詩經》中的一些詞語，我們的確無法得其確詁。而有些前人本已有確詁的詞語，後人卻又誤解其義。筆者以爲，考察先秦時代詞語，必須將詞語置於先秦的「大語境」中加以考察，方有可能求得其本義。這個「大語境」，不僅是指語言上的上下文，還應當以當時的社會、歷史、文化等綜合因素爲「上下文」。只有以社會、歷史、文化等綜合因素爲背景，將詞語置於其中加以考察，才能對詞義有更接近於「眞實」的認識。筆者近年來研讀《詩經》，於《詩》詞之訓詁頗加留意。前者，筆者已於《華夏文化論壇》第七輯發表拙作《〈詩〉詞漫志》，對《詩經》中「我心匪鑒」等詞句作出考釋四則，〔註1〕即是對這個「大語境」觀的實踐，現再續作考釋四則，敬盼方家是正爲幸。

一、釋摽有梅

　　《召南・摽有梅》曰：

　　　　摽有梅，其實七兮。求我庶士，迨其吉兮。

　　　　摽有梅，其實三兮。求我庶士，迨其今兮。

　　　　摽有梅，頃筐塈之。求我庶士，迨其謂之。

本詩首章《毛傳》：「摽，落也。盛極則隋落者，梅也。」訓同《爾雅・釋詁》。《說文》：「摽，擊也。」又曰：「𡙱，物落上下相附也。從爪，從又。凡𡙱之屬，皆從𡙱，讀若《詩》『摽有梅』。」對「摽」的解釋，《爾雅》與《毛傳》

〔註1〕陳才：《〈詩〉詞漫志》，《華夏文化論壇》第 7 輯，長春：吉林文史出版社，2002 年，第 114～119 頁。〔附註：該文又收入本書，第 1～11 頁。〕

同訓爲落，《說文》則改訓爲擊。二說必有一誤，且《說文》之改訓未說明原因，我們需要對此加以辨析後方能有所取捨，因爲從邏輯上講，我們不能簡單據某一說以否定另一說，特別是不能輕易地以後說來否定前說。

我們再來看看《鄭箋》對此的解釋：「興者，梅實尙餘七未落，喻始衰也。」二章《箋》又云：「此夏鄉晚，梅之隕落差多，在者餘三耳。」是毛以梅爲梅子，鄭以梅爲梅樹。其實，下句言「其實七兮」和「其實三兮」，此「其」皆指代上文之「梅」而言，若以梅爲梅子，下句之「實」義無著落。此當從《鄭箋》，以「梅」爲梅樹。三章之「之」，當承首章、二章之「其實」而言，指代梅子，而非指代前句中的「梅」。《經典釋文》：「梅，木名也。」其說亦從鄭，而非毛。此外的例子，還有《魏風・園有桃》一章：「園有桃，其實之殽。」二章：「園有棘，其實之食。」這裡的桃和棘也都是當指樹言，而非指果實。

既訓梅爲梅樹，則《毛傳》訓摽爲「落」，殊謬。清代較有代表性的注釋者有以下諸家：陳啓源《毛詩稽古編》以《說文》摽爲「拋」之重文，訓爲棄。李光地《詩所》以摽與標同，訓爲木末。段玉裁《說文解字注》則以摽爲受之假借。胡承珙在他的《毛詩稽古編後跋》對陳啓源之說有辨曰：

> 又附錄《摽有梅》引《說文》或作「拋」，《注》訓「棄也」，與《毛傳》「摽」訓「墜落」義同；不知《說文》無「拋」字，「拋」乃徐鉉新附。蓋是時《說文解字》始一終亥之本尚未盛行，僅據李燾《五音韻譜》，又誤仍燾書爲徐鉉本。顧亭林《日知錄》亦同此誤。
> 〔註2〕

《說文新附》爲徐鉉所增，非許愼所作，自然不能等而視之。這與結構主義語言學者所提出的語言具有共時性的理論相通，無疑是正確的觀點。聞一多先生亦以「摽」爲古拋字，字又作僄，〔註3〕亦誤。胡氏指出，陳啓源和顧炎武都誤認《說文》版本，因而致誤。而胡承珙《毛詩後箋》則於前文所提諸家之說有辨，今錄之如下：

> 承珙案：「拋」乃《說文》新附字，陳氏引之殊誤。嚴《緝》據《說文》「摽」本訓「擊」，謂此爲「擊而落之」，於文義多一轉折。

〔註2〕 （清）胡承珙：《求是堂文集》卷五，《續修四庫全書》第 1500 冊，上海：上海古籍出版社，2002 年，第 288 頁下。

〔註3〕 聞一多：《詩經新義》，《詩經研究》，成都：巴蜀書社，2002 年，第 119 頁。

《廣韻》「摽，落也」引《字統》云：「合作荄。」此「荄」亦即「受」
字，（《說文》有「受」無「荄」。）故段氏以《毛詩》「摽」爲「受」
之同部假借，其說得之。李氏《詩所》謂「『摽』與『標』同，木
末也」。「女子自言歸期將近，傷離父母之家，如梅之離其本根。」
今考《白帖》引「摽有梅」作「標有梅」，李說雖似有據，然於義
太迂曲，且與下二句神理不貫：女子方自傷離，而乃云「求我庶士」，
如此其汲汲乎？〔註4〕

胡承珙因陳啓源《毛詩稽古編》所據爲《說文》新附之字，而非許慎之義，
以爲陳說非是，甚確。此外，陳啓源亦誤從《毛傳》，以爲梅指梅子而言。李
光地《詩所》以梅爲木，甚是。然胡承珙之非其讀摽爲標，亦甚是。《白帖》
中「摽有梅」寫作「標有梅」，敦煌寫卷中亦有，見於伯 2529。然以摽爲標
之假借字，殊誤，因爲我們沒有證據證明這種寫法是源自先秦兩漢的。其實，
這只是中古時期之「扌」旁在俗寫中與「木」旁互混所致。〔註5〕此僅是省
寫，只關字形，非關其義。段玉裁之說，胡承珙從之，則並不恰當。實際上，
段玉裁此處是誤讀《說文》。《說文》中之「讀若」，多爲注音，非如後世之以
讀若明假借也。《說文》以受「讀若《詩》『摽有梅』」，其實僅表示受、摽二
字音同而已，並不能作爲許慎認爲二字通假之證。故以上諸家之說，亦不可
從。

　　愚以爲，此詩按《說文》訓摽爲「擊」即可，亦不必如嚴粲之訓。擊梅
樹，即可使成熟之梅子落下，也就是說，根據語用邏輯，擊之義即包含有使
其果實落下之義，但不必明確地訓爲「擊而落之」。故此，「摽有梅」之義當
爲擊梅樹。

二、釋如玉

　　　　《召南‧野有死麕》二章：「林有樸樕，野有死鹿，白茅純束。
　　有女如玉。」

《毛傳》於「如玉」解釋爲：「德如玉也。」《鄭箋》：「如玉者，取其堅而絜
白。」孔穎達《疏》曰：「獨以白玉比之者，比其堅而絜白，不可污以無禮。」

〔註4〕 （清）胡承珙撰，郭全芝校點：《毛詩後箋》，合肥：黃山書社，1999 年，第
　　　 103 頁。
〔註5〕 程燕：《詩經異文輯考》，合肥：安徽大學出版社，2010 年，第 31 頁。

〔註6〕毛公儒生，儒家以玉爲君子人格的象徵，毛公的解釋大概與此相關。宋人朱熹《詩集傳》定此詩爲淫詩，故改訓爲：「如玉者，美其色也。」〔註7〕民國以來，或以爲淫詩，或以爲情詩，並未見爭議。今人一些《詩經》譯注著作將此詩中的「如玉」與今語「如花似玉」的「如玉」混同，以爲指女子貌美。如臺灣學者馬持盈先生《詩經今注今譯》將本句譯爲：「女子像玉石一般，眞是漂亮得很啊！」〔註8〕而周振甫先生《詩經譯注》亦譯爲：「有個女兒美如玉。」〔註9〕

我們要知道這個詞的確切意思，還得求之於《詩經》本身。「如玉」一詞，《詩經》4見，除了這一處之外，還有：

《魏風·汾沮洳》三章：「彼其之子，美如玉。」

《秦風·小戎》一章：「言念君子，溫其如玉。」

《小雅·白駒》四章：「生芻一束，其人如玉。」

如《汾沮洳》所言之「美如玉」，美、好二詞之義在戰國時代混同，皆可指容色之美好，如《戰國策·齊策一》：「我孰與城北徐公美？」而《詩經》時代則是不同的，《鄭風·叔于田》：「不如叔也，洵美且好。」是其證。揚雄《方言》：「自關而西，秦晉之間，凡美色謂之好。」也就是說，好指容貌言，美則指德行言。如此，則形容「美」的「如玉」自然也是指「彼其之子」具有如玉般的德行。

周代天子、諸侯都有玉府，從已經出土的先秦時期墓葬來看，貴族的陪葬品總缺少不了玉。玉琮被一些人類學家認爲是死者藉以讓靈魂昇天的「法器」，死者的嘴裏也要含玉，還有其他一些玉飾則隨墓主身份而定。由此我們可以知道，玉在先秦時期具有重要的象徵意義，這已爲多數學者論及，茲不贅述。而後世儒家以將玉作爲君子人格的象徵，也正是基於此。故而，我們可以斷定《毛傳》的解釋當有所本，可從；而朱熹應該是據宋人對「如玉」一詞的理解來注《詩經》，則並不恰當。《詩經》中用「如玉」一詞，絕不會是指人的美貌，而有學者將《召南·野有死麕》一詩看作淫詩或情詩，也不

〔註6〕（漢）毛亨傳，（漢）鄭玄注，（唐）孔穎達疏：《毛詩正義》（繁體標點本），
北京：北京大學出版社，2000年，第118頁。

〔註7〕（宋）朱熹著，朱傑人校點：《詩集傳》，《朱子全書》（修訂版）第1冊，上
海：上海古籍出版社、合肥：安徽教育出版社，2010年，第418頁。

〔註8〕馬乘風（持盈）：《詩經今注今譯》，北京：新世界出版社，2011年，第19頁。

〔註9〕周振甫：《詩經譯注》，北京：中華書局，2010年第2版，第30頁。

大合適。

故，《召南・野有死麕》的「有女如玉」，當從《毛傳》，指有女之德行如玉。此外，《秦風・小戎》篇也是說念此君子溫溫然如玉，亦是就其德行言。《小雅・白駒》篇亦是如此，言其人有如玉般德行。

三、釋　角

《召南・行露》二章：「誰謂雀無角，何以穿我屋？」

「角」字《毛傳》、《鄭箋》皆未作解釋。《毛傳》：「不思物變而推其類，雀之穿屋似有角者。」《鄭箋》：「物有似而不同，雀之穿屋不以角乃以咮。」惟《說文》曰：「角，獸角也。」《鄭箋》以角、咮為二物，大概也是以角為獸角的。甲骨文之角字，正像獸角之形，本無可爭議。而宋人吳仁傑《兩漢刊誤補遺》始以角為咮。〔註10〕王夫之《詩經稗疏》認為先儒之說皆有誤，當以咮訓角，〔註11〕此說被《四庫總目》特地揭出。〔註12〕而有些學者，如俞樾、于省吾先生、錢鍾書先生等認為角當為咮或噣的通假字，聞一多先生則認為角乃噣之本字，皆非是。此異說已歷千年，且涉及碩儒，故其誤不得不辨。

俞樾《群經平議》說之未若後說詳細，故暫置之不論。聞一多先生在《詩經新義》中列五證，以角訓噣；〔註13〕在《詩經通義》中列三證，以角為噣之本字，實際上與《詩經新義》的證據大致是相同的；〔註14〕《詩經通義乙》所列之五證則與《詩經新義》同〔註15〕。將聞先生之證據綜合起來看，大致如下：第一，從字音角度來看，「觸古文作䚡」，「《集韻》噣同捔」，則「角蜀音同」，「噣角音同，角蓋噣之初文，故噣為喙，角亦為喙」。第二，從字形的角度來看，甲骨文中角、喙「筆意相近，是古人造字，喙與角不分二物

〔註10〕（宋）吳仁傑：《兩漢刊誤補遺》卷六，《四庫全書》第 253 冊，上海：上海古籍出版社，1987 年，第 870 頁上～870 頁下。

〔註11〕（清）王夫之：《詩經稗疏》，《船山全書》第 3 冊，長沙：嶽麓書社，1996 年，第 48～49 頁。

〔註12〕（清）永瑢等：《欽定四庫全書總目》（整理本），北京：中華書局，2002 年，第 206 頁。

〔註13〕聞一多：《詩經新義》，《詩經研究》，第 111～113 頁。

〔註14〕聞一多：《詩經通義》，《詩經研究》，第 175～177 頁。

〔註15〕聞一多：《詩經通義乙》，《聞一多全集》第 4 冊，武漢：湖北人民出版社，1994 年，第 36～37 頁。

也」。第三，從字義角度來看，「獸角鳥喙，其形其質，本極相似，又同爲自衛之器，故古語角之一名，獸角與鳥喙共之。」其本係孳乳字爲觜，即喙也。第四，《漢書‧董仲舒傳》曰：「夫天亦有所分予，予之齒者去其角，傅之翼者兩其足。」聞先生本吳仁傑、俞樾之說，因「牛羊麋鹿之屬，有角復有齒者眾矣」，以角不能指獸角。首先，即使角、屬音同，也不能說明二字義同，更不用說角是喝的初文了。其次，字形相近，或「酷肖」，亦不能證明二字相同。棗、棘二字一直以來部件都是相同的，只是結構不同，但二字之義一直都並不相同：棘可指酸棗，但絕不與棗混用。其三，形質與功能相同，亦未必可證二字相同，更何況其形質與功用未必如聞先生所說。觜爲角指孳乳字，亦缺乏顯證。很顯然，這三點都只是建立在一種可能性的基礎上，推測的成分大，證據則並不充分。其四，聞先生如此解《漢書》，實是誤讀《漢書》。本句當是一種比喻性的說法，大致的意思是，上天賜給了動物鋒利的牙齒，就不會讓它擁有堅硬的犄角；賜給了動物翅膀，就不會讓它擁有四足，而只能有兩足。此猶如西諺所謂：「上帝是公平的，在爲你打開一扇門的同時，會關上一扇窗戶。」顏師古注「予之齒者去其角」曰：「謂牛無上齒則有腳，其餘無腳者則有上齒。」〔註16〕其說齒爲「上齒」、以本句指牛皆可以商榷，其他則可從。若如聞先生的意見，則此句當理解爲賜給了鋒利牙齒就不會有尖銳的嘴，義實不可解。以這樣一條強改古注，且尚有爭議的孤證以疑角爲喙，很明顯，並不能說明問題。

　　錢鍾書先生《管錐編》引明人姚旅《露書》「角應音祿，雀喙也」，又引王夫之《詩經稗疏》，認爲角爲咮或喝的通假字；並說，「觀《太玄經‧昆》之次二：『三禽一角同尾』，又《窮》之次六：『山無角，水無鱗』，《解》：『角、禽也，鱗、魚也』；『角又泛指鳥喙。」〔註17〕其說看似有理，實則無據。據李珍華、周長楫編《漢字古今音表》〔註18〕，郭錫良先生編《漢字古音手冊》〔註19〕，二家所擬定之上古音，均以角爲見母、屋部字，而祿爲來母、屋部

〔註16〕　（漢）班固撰，（唐）顏師古注：《漢書》卷五十六，北京：中華書局，1962年，第 2521 頁。

〔註17〕　錢鍾書：《管錐編》第一冊，北京：生活‧讀書‧新知三聯書店，2008 年第 2 版，第 129 頁。

〔註18〕　〔美〕李珍華、周長楫編撰：《漢字古今音表》，北京：中華書局，1993 年，第 34、20 頁。

〔註19〕　郭錫良編著：《漢字古音手冊》（增訂本），北京：商務印書館，2010 年，第

字；上古是否有複輔音，學界尚有爭論，但即使角字上古聲紐爲複輔音〔*gl-〕（近來的研究者多認爲該音應擬作〔*gr-〕），可算作與祿同音，但咮或噣爲端母、侯部字，與角和祿的上古音相差較遠，角與咮二字並無通假之理，故據姚旅之說，並不能證明他的結論，此說不足爲據。于省吾先生《澤螺居詩經新證》以爲：「其實，角字應讀作咮或噣，角、咮、噣三字古韻並屬侯部，故相假借。」〔註20〕其韻部歸類是否正確，姑置之不論，即使三字韻部相同，也只能說明三字有通假的可能性，而未必一定通假。其實，通假還需要考慮其聲紐，于先生並未慮及。王輝先生談及古文字通假的原則時，認爲「判斷二字是否通假，既要有理論上的可能性，又要有文獻例證」，而且還特地引用于省吾先生的觀點作爲論據：「于省吾先生主張討論通假問題時要律例兼備，所下判斷才能令人信服（林澐《古文字研究》一一三頁）。」〔註21〕而我們從先秦兩漢文獻中，鮮見他處有角與咮或噣通假之例證；高亨先生《古字通假會典》和王輝先生《古文字通假字典》均未見有二字通假之傳世文獻與出土文獻的例證。于先生的結論只是建立在一種可能性的基礎上，我們暫時又未發現有文獻例證，所以其說無法坐實。又，錢鍾書先生據揚雄《太玄》「三禽一角」云云，以爲角可指鳥喙，實不知此處之禽字，皆指獸，而非指鳥。《說文》：「禽，走獸總名。」《左傳·莊公二十四年》：「男贄，大者玉帛，小者禽鳥。」這裡玉帛對禽鳥，玉、帛爲二物，則禽、鳥亦當爲二物。《史記·龜策列傳》：「禽獸曰牝牡，置之山原；鳥有雌雄，布之林澤。」很明顯，這裡的「禽」不能指鳥，而該指獸。這也正支持了本文的看法：角指獸角。

四、釋誰謂

「誰謂」一詞，《詩經》中凡 11 見，集中出現於以下四篇之中：

《召南·行露》二章：「誰謂雀無角，何以穿我屋？誰謂女無家，何以速我獄？雖速我獄，室家不足！」三章：「誰謂鼠無牙，何以穿我墉？誰謂女無家，何以速我訟？雖速我訟，亦不女從！」

《邶風·谷風》二章：「行道遲遲，中心有違。不遠伊邇，薄送

260、168 頁。

〔註20〕于省吾：《澤螺居詩經新證·澤螺居楚辭新證》，北京：中華書局，2003 年，第 72 頁。

〔註21〕王輝：《古文字通假字典·自序》，北京：中華書局，2008 年，第 13 頁。

我畿。誰謂茶苦，其甘如薺。宴爾新昏，如兄如弟。」

《衛風‧河廣》一章：「誰謂河廣，一葦杭之。誰謂宋遠，跂予望之。」二章：「誰謂河廣，曾不容刀。誰謂宋遠，曾不崇朝。」

《小雅‧無羊》一章：「誰謂爾無羊？三百維群。誰謂爾無牛？九十其犉。爾羊來思，其角濈濈。爾牛來思，其耳濕濕。」

自來對「誰謂」一詞，多未加注意，或不加解釋，或以為表反問語氣，即今語之「誰說」。錢鍾書先生《管錐編》說《召南‧行露》篇，言及「誰謂」一詞，是「蓋明事之不然，而反詞質詰，以證其然，此正詩人妙用」。〔註22〕此闡發「誰謂」之義，為其具體義，而非概括義：就《行露》一篇而言，可以講得通，但若質諸整部《詩經》以言，其說則未必是。請舉《邶風‧谷風》為例，以明其說未恰之處：茶本為苦菜，詩中言「誰謂茶苦」，顯然並非「事之不然」，而是以事實本就如此。「誰謂茶苦，其甘如薺」，表示的意思是：茶菜吃起來是苦的，但較之於棄婦此刻心理之苦，卻顯得像薺菜一樣甘甜。這句話是借言茶苦，來襯托出棄婦之苦更甚。

我們再來看看其他各篇中的「誰謂」一詞。《召南‧行露》二章《毛傳》：「不思物變而推其類，雀之穿屋似有角者。」《鄭箋》：「物有似而不同，雀之穿屋不以角乃以咮。」《說文》：「角，獸角也。」本文已證此說為是。角既是指獸角，雀為鳥類，是不可能有獸角的。本詩三章「誰謂鼠無牙」，這裡的「牙」，段玉裁《說文解字注》校之，以為指「壯齒」。《說文》諸本多作「牡齒」，不辭，當以段校為是。〔註23〕壯齒，猶今語之臼齒。「齒」則猶今語之門牙，《左傳》中引古語「唇亡齒寒」即其證。這個詞，我們不能說成「唇亡牙寒」。徐鼎《毛詩名物圖說》引《本草》謂鼠「有四齒而無牙」。〔註24〕可見，鼠當為無牙之物。

據角和牙二字之義，我們可以推知，「誰謂雀無角，何以穿我屋？」所表達的意思是，雀本為沒有獸角之物，而何以似有角般穿透我家的屋子？「誰謂鼠無牙，何以穿我墉？」意謂，鼠之齒小，沒有臼牙，而何以似有牙般穿

〔註22〕錢鍾書：《管錐編》第一冊，第129～130頁。

〔註23〕拙文《〈說文解字〉「牡齒」當為「壯齒」辨》於此有詳細考察，待刊。〔附註：該文後刊於《華夏文化論壇》第9輯，長春：吉林文史出版社，2013年；又收入本書，第123～132頁。〕

〔註24〕（漢）徐鼎纂輯，王承略點校解說：《毛詩名物圖說》，北京：清華大學出版社，2006年，第84頁。

透我家的牆壁？

　　《衛風・河廣》一詩中，「誰謂」一詞4見，後或接「河廣」，或接「宋遠」。《毛傳》於此無釋，而《孔疏》說「宋去衛甚遠」〔註25〕，是其正以宋國遠，而非不少今人《詩經》譯注所認爲的宋衛之間不遠。我們還可以據此知道，前句中亦是說黃河寬廣。這首詩所表達的意思是，黃河寬廣，衛國離宋國甚遠，但出歸衛國的宋桓公夫人因思念其子宋襄公，卻覺得可以「一葦杭之」、「曾不容刀」，「跂予望之」、「曾不崇朝」。這種極力的渲染，正可以顯示出宋桓公夫人的急切之情。南宋末年的嚴粲對此詩的解釋正符合本詩辭氣：

　　　　夫人義不可往宋，而設爲或人以遠沮己，己爲辭以解之：誰謂
　　　河水廣而令我勿渡乎？但以一束蘆葦浮之水上，則可以杭渡而過，
　　　不爲廣也。誰謂宋國遠而令我勿往乎？我跂其足則可以望之，不爲
　　　遠也。欲往之切，故謂遠爲近，若眞欲往宋者。思子之情，隱然於
　　　言外矣。〔註26〕

　　以上三首詩皆出自《國風》，其中「誰謂」一詞後面所接成分爲一客觀事實，或者說，至少說話人主觀上認爲這是一個客觀事實，用以表示事本如此，而現實種種，卻使人於主觀上又覺其並非如此。這種用法爲後世詩歌所繼承，比如：

　　　　東漢・韋賢《自劾詩》：「誰謂華高，企其齊而；誰謂德難，屬
　　　其庶而。」

　　　　漢・無名氏《蘭若生春陽》：「誰謂我無憂，積念發狂癡。」

　　　　六朝・陶淵明《始作鎮軍參軍經曲阿作》：「眞想初在襟，誰謂
　　　形跡拘。」

　　　　六朝・謝靈運《七里瀨》：「誰謂古今殊，異世可同調。」

　　　　南朝・江淹《效阮公詩》：「誰謂人道廣，憂慨自相尋。」

　　　　唐・沈佺期《獨不見》：「誰謂含愁獨不見，更叫明月照流黃。」

　　　　唐・王勃《秋江送別二首》其二：「誰謂波瀾才一水，已覺山川
　　　是兩鄉。」

〔註25〕　（漢）毛亨傳，（漢）鄭玄注，（唐）孔穎達疏：《毛詩正義》（繁體標點本），
　　　　第283頁。

〔註26〕　（宋）嚴粲：《詩緝》卷六，影《四庫薈要》本，長春：吉林出版集團，2005
　　　　年，第98頁上。

　　唐·張謂《讀後漢逸人傳二首》其一：「誰謂穎陽人，千秋如比肩。」

這些詩歌中所用的「誰謂」，用法正同《國風》。但是，《小雅·無羊》中的「誰謂爾無羊」、「誰謂爾無牛」卻與前三首詩不同。這裡的「誰謂」一詞後面所接成分則並非事實，以用來表示反問語氣，指周宣王恢復牧人職後，國家羊牛甚多。這種用法在《禮記·禮器》中亦有同例：「誰謂由也而不知禮乎？」

　　由以上的分析，我們可以知道，「誰謂」一詞後面所接之事，或並非事實，至少是作者主觀上認為並非事實，用以表反問語氣，猶今語之「誰說」；或本為一客觀事實，或者說，至少說話人主觀上認同此一事實客觀存在，而用以表示事本如此，可是現實種種，卻使說話人主觀上又覺其並非如此。在先秦兩漢的傳世文獻和後世一些詩歌作品的實際運用中，以後者居多，這需要我們在閱讀古書時區別對待。

（本文原刊於《傳統中國研究集刊》第 11 輯，上海人民出版社，2013 年）

胡承珙的箋《詩》立場論略

　　所謂箋《詩》立場，就是某位《詩經》學者在治《詩經》時所持的基本態度。著述者所有的箋釋活動都是以這個基本態度爲基準而進行的。簡言之，就是他是將《詩經》看成一部經學著作，還是一部文學作品。將《詩經》看成是經學著作，則是以經學立場箋《詩》。在經學立場內部，又可分爲古文經學、今文經學和宋學三派。〔註1〕若將《詩經》看成是一部文學作品，則是以文學立場箋《詩》。

　　在把《詩經》看成是「詩」還是「經」的問題上，本文不認同某些學者將《詩經》說成只是一部純粹的歌謠總集的觀點，亦不認同某些學者說的《詩經》經學研究是歧途、文學研究才是正路的觀點。本文認同王承略、黃忠愼等先生的觀點：「《詩經》向來既是經學的，又是文學的。」「本來無論是經學的還是文學的研究，可以並行而不悖。」〔註2〕「作爲中國第一部詩歌總集的《詩經》，在古代其意義不僅止於文學作品總集而已，它也是倫理學的重要來源之一，甚至，宋代以前多數的古人避談其文學面。」「解《詩》若不論其文學表現，或者單純地視三百篇爲一般的詩歌選集，都是一種偏見。」〔註3〕其實，自漢代始產生經學以來，經學立場一直是每一位封建時代的《詩

〔註1〕 此採用周予同先生説，見皮錫瑞著，周予同注釋：《經學歷史・序》，北京：中華書局，2004 年，第 1 頁。至於他家較多認爲經學有漢學、宋學之分，漢學又有今文古文之分，二説之異同，此處不作討論。

〔註2〕 王承略：《詩集傳》提要，見董治安主編：《經部要籍概述》，南京：江蘇教育出版社，2008 年，第 136 頁。

〔註3〕 黃忠愼：《范處義〈詩補傳〉的解經特質及其在〈詩經〉學史上的存在意義》，《逢甲人文社會學報》（臺灣），2008 年 6 月第 16 期，第 28、34 頁。

經》學者無法逾越的，這也與《詩經》本身的實際功利意義相關。也就是說，經學存在自有其存在的價值和意義，我們在注重《詩經》文學特色的同時，絕不能忽視其作為經典的重要一面。經學與詩學並非二元對立的關係，而是可以相互融合的。〔註4〕自漢代《詩三百》被尊為經典後，直至有清一代，《詩經》就既是「詩」，又是「經」，只是在經師們眼中，《詩經》作為「經」的一面是重於作為「詩」的一面的。正如趙敏俐先生所說：「在中國古代人的眼中，《詩經》並不是一部單純的文學作品，而是一部以『詩』的形式以表現聖人之『志』的『經典』。」〔註5〕

清儒胡承珙（1776～1832），治《詩》尊《序》、崇《傳》、守毛，是一位古文經學家。但是，《毛詩後箋》在注重訓詁的同時，也注重義理，「認識到糾纏於門戶之爭是無謂的，治學要不論漢宋，惟是而求，這是樸學發展到後期的通達之論」。〔註6〕他在不少地方還抓住《詩經》的文學特質來說《詩》，認識到了《詩經》的文學特色。

一、經學立場

胡承珙箋《詩》，以古文經學立場為核心立場，同時又不廢今文經學立場和宋學立場，古今兼存、漢宋兼採，表現出了一種開明的經學立場。

（一）以古文經學為核心立場，兼容今文經學立場

胡承珙在箋《詩》時，遵循《詩序》、推崇《毛傳》，即使《詩序》和《毛傳》的解釋有難以圓通的地方，也強為之解；而鄭玄先治《禮》與《韓詩》，後治《毛詩》，其觀點不免摻雜今文之處，遂取之甚少。這就可以看出胡氏很明顯的古文經學的立場。《毛詩後箋》認為：《詩序》和《毛傳》源流甚古，師承有自，必有所受，不能廢除。除此之外，它還認為毛義不可改易：

案：如此說以鹿皮不具而用麕皮，則當首章言鹿，次章乃言麕矣。

〔註4〕何海燕認為，清代「《詩》作為經和文學作品的雙重身份得到了認可」，是說一部分學者持經學立場，另一部分學者持文學立場。見何氏《清代〈詩經〉學研究》，北京：人民出版社，2011年，第199頁。本文則傾向於認為，某個學者既持經學立場，又持文學立場。

〔註5〕趙敏俐：《20世紀〈詩經〉研究的幾個問題》，《詩經研究叢刊》第十輯，北京：學苑出版社，2006年，第2頁。

〔註6〕寧宇：《清代〈詩經〉學的發展階段及主要派別》，《泰山學院學報》，2005年第4期，第52頁。

故知毛《傳》不可改易也。（《召南・野有死麕》，P114。）〔註7〕

「綢繆束薪」，《傳》：「興也。綢繆，猶纏綿也。男女待禮而成，若薪芻待人事而後束也。」興義明白，不可改易。（《唐風・綢繆》，P526。）

承珙案：經傳以星紀候，自《堯典》、《夏小正》以至《春秋內、外傳》，無不指其見者言之，從無既指某星爲候，而又取其將見未見之時以言之者……孔《疏》曲爲申釋，云《左傳》「火伏而後蟄者畢」，「此取將見爲候，彼取已伏爲候」。其說過於紆迴，故知毛義不可易矣。（《唐風・綢繆》，P526～527。）

「苟亦無信，苟亦無然。」《傳》：「苟，誠也。」……後儒因謂人言當舍，亦且無遽舍之，而徐以待其審察。則是猶豫狐疑，聽讒之根尚伏，幾何不復爲讒人之所中哉！故知訓「苟」爲「誠」，《傳》義確不可易。（《唐風・采苓》，P551～552。）

毛義爲優，《三家詩》不如毛，所以《三家詩》會逐漸消亡，《毛詩》最終取代了《三家詩》被立於學官：

此詩三家傳聞異辭，總不如毛義之正大。此毛學所以獨盛與？（《周南・芣苢》，P46。）

此作「洭」者，蓋三家《詩》，但以爲水名。《毛詩》則作「氾」，以「決復入」爲興……孔《疏》申之而《傳》義愈明，此毛之所以勝于三家也。（《召南・江有氾》，P111。）

三家以爲官名、園名，皆緣後起之義，而以之詁《詩》，則皆不如毛說之精切也。（《召南・騶虞》，P126。）

此時三家盛行，《毛詩》並未立學官，然詔策已用其義。蓋其授受有自，故足取信也。（《邶風・燕燕》，P145。）

《序》云：「《賓之初筵》，衛武公刺時也。幽王荒廢，媟近小人，飲酒無度，天下化之，君臣上下沈湎淫液。武公既入，而作是詩也。」《後漢書・孔融傳・注》引《韓詩序》曰：「衛武公飲酒悔

〔註7〕（清）胡承珙撰，郭全芝校點：《毛詩後箋》，合肥：黃山書社，1999年，第114頁。下引《毛詩後箋》皆用此本，爲避繁瑣，僅於引文後標註篇目和頁碼，不再出註。

過也。」《集傳》謂此詩與《大雅・抑》戒相類，必武公悔過之作，宜從韓詩。秦氏《詩測》曰……朱氏《通義》曰……姜氏《廣義》曰……承珙案：二說蓋欲通毛、韓兩家之郵，然使衛武公果止借悔過爲諷諫之辭，而作《序》者遂坐之曰「飲酒悔過」，是近於癡人說夢矣。且詩中所言「舍坐」、「屢舞」、「號呶」、「側弁」諸狀，將謂他人乎？抑武公自謂乎？若謂他人，則猶是刺時也；若其自謂，則以借諷之詞，亦不必如此形容盡致。玩繹全詩，仍當以《毛序》爲正。(《小雅・賓之初筵》，P1149～1150。)

「這種《毛詩》較優的看法，是《毛詩後箋》中重要的立場。」〔註 8〕從胡氏的這種態度，以及《毛詩後箋》專主發明《毛傳》的撰著意圖，我們可以肯定胡承珙治《詩》的古文經學立場。一般場合下，胡氏引《三家詩》說的，要麼是《三家詩》義同毛義，引之以發明毛義，要麼是《三家詩》說有誤，引之以辯其似是而非處。但是，《毛詩後箋》中，仍有極少數的地方採用《三家詩》說的，如《鄭風・羔裘》「洵直且侯」條即是一例，又如：

《白虎通義》引此詩爲送出婦之禮，以見其夫之不以禮送，此必本三家《詩》，似較《箋》義爲勝。(《邶風・谷風》，P182～183。)

「控于大邦」，《傳》訓「控」爲「引」……《一切經音義》卷九《韓詩》云：「控，赴也。」赴謂赴告。襄八年《左傳》「無所控告」，是也。《莊子・逍遙遊》「時則不至，而控于地」，《釋文》引司馬《注》：「控，投也。」控告，猶言投告也。投與赴義相近，韓訓「控」爲「赴」，似較「引」義爲勝。(《鄘風・載馳》，P274～275。)

以上第一例，明確指出《三家詩》勝《鄭箋》之義，第二例也是指出《韓詩》將「控于大邦」的「控」訓爲「赴」，比《毛傳》訓爲「引」更恰當一些。這是明確棄《毛詩》不用，而採納了《三家詩》的說法。這就說明胡承珙箋《詩》兼存今文經學立場。

另外，胡氏認爲，三家多用正字，毛多用假借字，如《衛風・芄蘭》「垂帶悸兮」條。又如《周南・苤苢》，篇名中就用了今文的「苢」字，而不用古文的「莒」字。這也可以看出胡氏雖然站在古文經學的話語立場上，但是也認識到了今文經學的存在。又如：

〔註 8〕邱慧芬：《胡承珙馬瑞辰陳奐三家詩經學研究》，臺灣師範大學博士學位論文，2003 年，第 173 頁。

「召伯所茇」……承珙案：《詩》字本當作「废」而訓為「草舍」，
「召伯所废」謂召伯之所草舍也。三家今文，多正字；《毛詩》古文，
假借作「废」耳，非有異也。若《周官》「茇舍」，只當作「茇」，不
作「废」，以言「废」則可不兼「舍」，若連「舍」，則當作「茇」也。
《左傳》僖十五年「反首拔舍」，以「拔」與「舍」連文，則又「茇」
之借字，而非「废」之借字矣。（《召南‧甘棠》，P86～87。）

「考盤在澗」，《傳》：「山夾水曰澗。」《釋文》引《韓詩》作
「干」，云「碗堀之處也」。惠氏《古義》云：「『澗』當作『間』，
古字『干』『間』通。」引《聘禮‧記》「皮馬相間」《注》云「古
文『間』作『干』」。承珙案：作「澗」，亦與「干」通。《小雅》「秩
秩斯干」《傳》云「干，澗也。」此二字通借之證。《毛詩》正字，
《韓詩》借字，其實一也。《易》「鴻漸于干」，《釋文》引荀王《注》
並云：「干，山間澗水也。」虞《注》云：「小水從山流下稱干。」
翟《注》云：「干，厓也。」此皆謂干即澗耳。劉淵林《吳都賦》
注又引《韓詩》：「地下而黃曰干。」黃，疑「潢」字之誤。潢汙者，
停水之處。《小雅‧正義》引鄭注《漸卦》云：「干者，大水之傍。」
故停水處即其義也。至《韓詩》「干」有兩訓，則或由《韓故》、《韓
說》與《薛君章句》之不同。若《呂記》引董氏說，謂次章「在阿」，
《韓詩》亦作「在干」，謬矣。《文選‧西都賦‧注》引《韓詩》「曲景在阿」，《一
切經音義》引作「曲京」。案：「景」乃「京」之誤。（《衛風‧考盤》，P287～288。）

胡氏對古文、今文之間的文字異同頗有研究，曾為幫助胡培翬完成《儀禮正
義》，而作《儀禮古今文疏義》。在《詩經》研究中，他對古今文文字之間的
異同也有著獨到的見解。如以上兩例中，胡承珙認為，「茇」和「废」、「澗」
與「干」其實只是古今文在文字形體上的不同而已，意義上並無區別。這說
明胡承珙認為，古文與今文，雖然在經義上相左，但在某些方面還是有相通
之處的，所以不能對今文經學的《三家詩》置之不理，而是要適當吸取其可
取之處，不應過度拘泥於門戶之見。

胡氏箋《詩》不論今文古文，除了與他求古求是、董理漢魏以降《詩》
注的箋《詩》宗旨和開明的學術視野密切相關外，這與當時的學術背景和自
己的交遊都有一定聯繫。早在乾隆中葉，就出現了一位今文學家莊存與（1719

～1788）。他「雖然接受了漢學、宋學的影響，卻能不爲二者所拘囿」〔註9〕，本著「研經求實用」的治學宗旨，以公羊學說爲核心闡發「微言大義」，著成《春秋正辭》一書，開創常州學派。雖然風靡一時的考據思潮掩蓋了莊存與的光輝，使今文經學隱晦不顯，但常州學派還是在莊氏弟子和家族中延續下來。經過孔廣森（1752～1786）、莊述祖（1750～1816）的積澱，到劉逢祿（1776～1829）、宋翔鳳（1777～1860）終使今文經學成爲顯學。美國學者艾爾曼論清代今文經學，認爲：

> 今文經學實際上是清代考據學者在過去兩個世紀中辛勤研究積累的文獻考證成果的副產品。今文經學與古文經學的爭論並未自動地從《公羊傳》及何休對它有名的注釋中產生。這場爭論是爲解決語言、歷史考證問題而提出的，這種因考證而重提今古文爭論的要求，可以解釋莊存與及其他早期今文經學家把許多《周禮》古文經的觀點收入自己著述的原因。很顯然，今文經學和古文經學還未有明確界限。〔註10〕

如果艾爾曼的觀點成立，那麼胡承珙在《毛詩後箋》中對今文經學成果的吸收也就不難理解了。此外，胡氏弟子魏源後從劉逢祿遊，習今文經學，魏源《詩古微》成後，曾奉胡承珙閱，二人就相關問題有書信切磋，以胡承珙兼收並蓄的開明學術態度，吸收今文觀點，不足爲怪。

（二）兼採漢學和宋學立場

自康熙起，清廷採取科舉取士、大規模的修書活動、禁書和文字獄等文化政策；加上乾隆時期，商業發達，經濟繁榮，社會穩定，文人聚會論學頻繁。在這些豐厚的物質基礎和適宜的發展條件等外在原因與學術思想演進的內在邏輯的共同作用下，乾嘉兩朝，漢學興盛，宋學衰落。「19 世紀，學術風氣發生某些變化，儒家知識分子逐步接受義理之學，他們重新討論儒家話語的道德特徵。」〔註11〕惠棟和戴震兩位宗師從來都主張由文字、音韻、訓詁以探求義理，但其時，宋學的頹勢並未因此而得以挽救。章學誠（1738～

〔註 9〕 王俊義、黃愛平：《清代學術文化史論》，臺北：文津出版社，1999 年，第 243 頁。

〔註10〕 〔美〕艾爾曼著，趙剛譯：《從理學到樸學——中華帝國晚期思想與社會變化面面觀》，江蘇人民出版社，1995 年，第 165 頁。

〔註11〕 〔美〕艾爾曼著，趙剛譯：《從理學到樸學》，第 15 頁。

1801）「拒絕接受同時代流行的義理、考證和漢學、宋學之別」〔註 12〕，紀
昀（1724～1805）極力區分漢宋之學，卻也能「提倡一種修正學說，認爲宋
學是探索經典義理的指南，而漢學可以作爲宋學的補充，糾正其空疏之弊」
〔註 13〕。道光時期，揚州學派宗主阮元（1764～1849）主張調和漢宋，他在
去世前的十年裏，逐漸重視義理之學，使得宋學逐漸有抬頭之勢。「嘉、道
以後，在社會思潮的急劇變化之中，漢、宋兩家逐漸合流，這也是清代學術
發展的必然趨勢。」〔註 14〕胡氏的箋釋，對義理頗爲重視，這是他較其他古
文經學家爲特別的地方。《後箋》雖有不少地方批評宋學，胡氏與友人的信
箋中也不乏批評宋人說《詩》的地方，但是，「批評未必就表示他反對或否
定宋學」〔註 15〕，胡氏《寄姚姬傳先生書》中於此有論：

> 竊謂説經之法，義理非訓詁則不明，訓詁非義理則不當。故義
> 理必求其是，訓詁必求其古。義理之是者，無古今一也，如其不安，
> 則雖古訓猶宜擇焉。〔註 16〕

胡氏所作《四書管窺序》中再次申明他的這一觀點：

> 治經之法，義理非訓詁則不明，訓詁非義理則不當，二者實相
> 資，而不可偏廢。自有謂漢學詳於訓詁，宋學晰於義理者，遂若判
> 爲兩塗。而於是講訓詁者拘於墟談，談義理者奮其肊。沿流而失源，
> 騖末而忘本，黨同伐異，入主出奴，護前爭勝之習興，幾至以門戶
> 禍經術，而橫流不知其紀極。吾則謂治經無訓詁義理之分，惟求其
> 是者而已；爲學亦無漢宋之分，惟取其是多者而已。〔註 17〕

江藩作《國朝漢學師承記》，其後，方東樹針對此作《漢學商兌》，將漢宋之
爭再度引向高潮。胡氏深明門戶之見的遺禍，認爲漢學的訓詁和宋學的義理，
二者相輔相成，不能偏廢。於是，「胡承珙在書中大量引述宋人的說法，合計
二十二種，超過五百條，這在漢學家中並不算常見」。〔註 18〕但這卻順應了當

〔註 12〕　〔美〕艾爾曼著，趙剛譯：《從理學到樸學》，第 162 頁。
〔註 13〕　〔美〕艾爾曼著，趙剛譯：《從理學到樸學》，第 162 頁。
〔註 14〕　王俊義、黃愛平：《清代學術文化史論》，第 49 頁。
〔註 15〕　邱慧芬：《胡承珙馬瑞辰陳奐三家詩經學研究》，第 177 頁。
〔註 16〕　（清）胡承珙：《求是堂文集》卷二，見《續修四庫全書》第 1500 冊，第 235b
　　　　　頁。
〔註 17〕　（清）胡承珙：《求是堂文集》卷四，第 273b 頁。
〔註 18〕　黃忠慎：《清代中葉毛詩學三大家解經之歧異——以對〈詩序〉、〈毛傳〉、
　　　　　〈鄭箋〉的依違爲考察基點》，《國文學誌》（臺灣），2002 年第 6 期，第 108

時學術界漢宋合流的趨勢。

　　胡氏在箋釋《詩經》時，還十分注重對義理的探求。他在《〈闡貞集〉序》中，開篇即點明：

> 風人之旨，忠孝為大綱，其次則莫如貞節。《鄘風》之《柏舟》，《毛詩序》以為共姜所自作，千載下猶令人讀而哀之。〔註19〕

這段話，完全就是一位道學家的口吻。於此，胡氏箋《詩》中對義理和宋學的重視，可窺見一斑矣。以下，再從《後箋》中撮錄幾處：

> 今以絲而為間色之綠，將歸過於女手之所治，喻以妾而開上僭之端，亦當歸過於人君之所致，所以思古人而欲俾其無過也。（《邶風·綠衣》，P142～143。）

> 承珙案：此詩自是七子遭家不造，母有去志，而能痛自刻責，思過引咎以悟親心，卒令其母感而不嫁。故詩人代敘其自責之辭，以美其能慰母心，而孝已莫大於是矣。（《邶風·凱風》，P162～163。）

> 蓋忽之為人，殆見賢而不能舉，見不善而不能退者，故《山有扶蘇》、《蘀兮》、《狡童》及《揚之水》皆致慨於其不能任忠良、去權奸，以致身弒國危而不悟也。（《鄭風·狡童》，P406～407。）

> 承珙案：首章《傳》以「閑閑」為「男女無別」，可見魏以削小之故，自安僻陋，禮教不興，苟且成俗，乃至男女無別，所以可刺。（《魏風·十畝之間》，P496～497。）

胡承珙一般在求得字詞的準確的訓詁後，還要探求其中包含的義理，這不僅與胡氏與李兆洛等理學家交好有關。朱子學說一直是作為官方的意識形態，滲入學子內心，雖然乾隆以後，宋學呈頹勢，但其義理之說並沒有完全被廢棄。作為徽派樸學的其中一員，胡氏對宋代時候徽州大儒朱熹頗為敬仰，在治學中不免吸收其觀點。黃忠慎認為：「胡承珙的用心在某種程度上是調適漢學與宋學的紛爭，可是心中仍以為『漢學』仍勝於『宋學』，故在著書中以『漢學』引領『宋學』讓『宋學』成為『漢學』的證據。」〔註20〕艾爾曼認為：「當時盛行的考據學『話語』，主要是小學實踐的產物，這種實踐能揭示義理形成

　　～109頁。
〔註19〕（清）胡承珙：《求是堂文集》卷四，第279a頁。
〔註20〕黃忠慎：《清代中葉毛詩學三大家解經之歧異》，第109頁。

及其範式相互聯繫的規則。」〔註 21〕嘉道以後的宋學，實際上已經成爲小學的副產品，這就更加不難理解胡氏還能堅持和乾嘉學者一樣，由文字音韻訓詁以求義理的原因了。

二、文學立場

前文已經指出，《詩經》既是「經」，也是「詩」。如果拋開人們賦予《詩經》作爲「經」的外衣，就《詩經》文本本身來說，它是一部文學作品。在《詩經》研究史上，從來就不乏站在文學立場來說《詩》的。〔註 22〕先秦時期被汪祚民先生認爲是「《詩經》文學闡釋的萌芽時期」〔註 23〕。孟子提出的「不以文害辭，以意逆志」的說《詩》觀，開啓了後世說《詩》者注重《詩經》文學特色的優良傳統之門。特別值得提出的是《毛傳》，「獨標興體」116篇，可以說是古文《詩經》學對其文學特色的初步接觸；被夏傳才先生稱作「《詩經》研究的第二個里程碑」的《毛詩正義》，比較注重發掘《詩經》文本中的文學特色，並以之解《詩》；〔註 24〕被夏傳才先生稱作「《詩經》研究的第三個里程碑」的朱子《詩集傳》，「能夠運用文學觀點來讀詩、論詩、釋詩、評詩」〔註 25〕。

《毛傳》立於學官後，逐漸取代《三家詩》，並成爲治《詩》者的必讀書目。《毛詩正義》出，一統南北經學，並由官方頒佈，成爲唐朝明經科《詩經》學必讀之書。朱子《詩集傳》自元代起，就一直作爲官方意識形態，延續數百年，成了士子必讀之書，直到乾隆時期《欽定詩義折中》出，才漸顯頹勢。這三部書對《詩經》文本中文學特色的體認，可以說，基本上影響到了其後的所有讀《詩》者。晚明時期，評點派出，《詩經》的文學特質更是逐漸被學界所重視。其實，一直以來，似只有四庫館臣公開宣稱「經不可以

〔註 21〕〔美〕艾爾曼著，趙剛譯：《從理學到樸學》，第 19 頁。
〔註 22〕可參閱汪祚民：《詩經文學闡釋史（先秦－隋唐）》，北京：人民出版社，2005年；何海燕：《清代〈詩經〉學研究》，第 190～265 頁。
〔註 23〕汪祚民：《詩經文學闡釋史（先秦－隋唐）》，第 10 頁。
〔註 24〕此觀點除汪祚民《詩經文學闡釋史（先秦－隋唐）》論及外，楊金花和衛豔霞均有專論，可參看楊金花：《毛詩正義研究——以詩學爲中心》，北京：中華書局，2009 年；衛豔霞：《經學中的文學因素——試析〈毛詩正義〉對〈詩經〉創作藝術的總結》，《山西大同大學學報（社會科學版）》，2008 年第 12 期和《山西高等學校社會科學學報》，2009 年第 4 期。
〔註 25〕洪湛侯：《詩經學史》，北京：中華書局，2002 年，第 374 頁。

文論」〔註26〕，其他經師對《詩經》中的文學特色都有所關注；而胡氏《毛讀後箋》較他們則有著更廣泛、深入的關注。

胡承珙雖是經師，但又是詩人，他在對《詩經》文本的文學性的體認上，超過了同時代的其他經師。在《毛詩後箋》的不少地方，胡承珙是把《詩經》的文本當作一部文學作品來解讀，也就是說，他有時候是持文學立場來箋《詩》的。〔註27〕胡承珙箋《詩》的文學立場，我們可以從以下幾個方面來作一初步認識：

（一）《毛詩後箋》對比興寄託的認識

《詩經》中的比興寄託的藝術特徵，歷來爲學者和詩人們所重視，胡承珙在《毛詩後箋》中，對《詩經》中的比興寄託有深刻的認識，並以比興來箋《詩》：

> 承珙案：《頍弁》刺幽王不親九族，以「雨雪」喻王暴虐，疑此詩亦以雨雪之盛喻王惡。「晛，日氣」者，以比人之善。毛意蓋言人之爲惡雖甚，但欲爲善，則惡自消，如雨雪得日氣而消也。此似於《經》、《序》義合。（《小雅・角弓》，P1178。）

這是運用「比」來箋《詩》。胡氏認爲，《小雅・頍弁》中的「雨雪」是比喻「王暴虐」，所以，《小雅・角弓》中的「雨雪」也應該有類似的比喻義。這說明胡承珙對《詩經》中某些意象所具有的象喻意義，已經有了一定程度的認識。

> 凡詩人之興，取義繁廣。或舉譬類，或稱所見，不必皆可以定時候也。（《召南・草蟲》，P75。）

> 夫詩人託興之辭，何所不可？如必謂宜舉所有之物，則《箋》云鞠衣以下，眾妾以次服之，是「黃」與「黑」皆媵妾所得服，安見褖衣以喻妾，而黃又以喻嫡乎？（《邶風・綠衣》，P142。）

> 承珙案：此詩每章下二句實與《漢廣》之「不可求思」、《靜女》之「愛而不見」相似，皆有可望不可即之意。《傳》以墇阪之遠近難易喻禮與非禮之別，比興深奧，其義甚精。（《鄭風・丰》，P416。）

〔註26〕《孫月鋒批評詩經》提要，見（清）永瑢等：《欽定四庫全書總目》（整理本），北京：中華書局，1997 年，第 444 頁。

〔註27〕杜宗蘭《胡承珙〈毛詩後箋〉的經學和詩學》（香港大學博士學位論文，2007 年）未能寓目，但該文摘要稱，胡承珙將《詩經》看作一個具有內涵的文學文本，這也可以說明胡承珙箋《詩》的文學立場。

前面兩條，是對「興」的認識，第三條則是對比興的認識。胡氏認爲《詩經》中的興取義繁廣，寄託遙深，感情豐富，所指精深。所以，只有領會《詩》中的比興寄託的藝術特質，才能領會詩旨。

（二）「《詩》主詠歌」，運用了修辭手法，具有言外之意

胡承珙很注重對《詩經》文本的解讀，他對《詩經》中互文、重章疊句等修辭手法和藝術表現手法，都有一定認識：

> 承珙案：此詩三章本多互文。首章《傳》云：「孑孑，干旄之貌。注旄於干首，大夫之旗也。」《箋》云：「孤卿建旂，大夫建物，首皆注旄焉。」《正義》謂九旗之干皆有旄，則二章之「干旟」亦有旄矣。《爾雅》：「注旄首曰旌。」則三章之「干旌」，即干旄矣。（《鄘風·干旄》，P265。）

胡承珙認爲，《鄘風·干旄》一詩的三章，運用了互文的修辭手法。他進而還認爲，《詩經》文本是作詩之人的性情流露：

> 作《詩》者即一事而形諸歌詠，故意盡於篇中。（《召南·羔羊》，P92。）

所以，胡承珙大膽地承認，《詩經》乃「詠歌之文」，詩篇主詠歌，與紀事之史不同，所以，箋《詩》的時候，不能完全坐實。可見，他在箋《詩》時，對《詩經》文本的文學性，有一定的認識：

> 《詩》乃詠歌之文，非紀事之史，安得盡著實跡於篇中哉？（《衛風·木瓜》，P320。）

> 承珙案：《詩》雖詠歌之文，不同紀事之史，然必無鑿空妄語者。（《小雅·采芑》，P852。）

> 承珙案：詩主詠歌，不同紀事。此詩欲極言黍稷之多，由萬而億，由億而秭，皆形容之辭。故雖數有二等，當取其多者言之，並非實計年之所入與廩之所藏，無容疑於數之寡闊也。（《周頌·豐年》，P1544。）

這三例都點出了《詩經》是詩人在「詠歌」自己的性情。正因爲如此，箋《詩》者和讀《詩》者，都要注意《詩經》文本之外的言外之意：

> 承珙案：……惟《序》云「衛伯」是責其君，《詩》稱「叔伯」則指衛之諸臣，所謂不斥其君而責其臣，婉辭也。豈得謂見《詩》有「伯兮」，遂以爲衛伯？作《序》者不應牽合如此也。至《序》云

「責衛伯」者，是推本詩人之意，不必定《詩》詞所有。《三百篇》
往往有此。毛《傳》專釋《詩》詞，故兩言大夫，但以「伯叔」指
衛之諸臣，而並不及其君。《序》與《傳》各明其義，仍兩不相悖耳。
（《邶風‧旄邱》，P191。）

胡承珙認爲，《序》「推本詩人之意」，其中所說的是詩的言外之意。所以，讀
《詩》者要善於領會作《序》者的言外之意，才能領會詩旨，不至於誤會詩
意，從而求得確解。

《呂記》又云：「女子雖多懷思，然今之所以迫切者，亦各有道。
他人不知，則以爲女子情性之常而尤之也。『眾穉且狂』，非眞指許
人以爲穉狂，蓋言我憂患如此迫切，彼方且尤我之歸，意者眾人其
幼穉乎？其狂惑乎？不然，何其不相體悉、不識緩急，一至於是也！」
此說亦得詩人微婉之旨。（《鄘風‧載馳》，P274。）

胡承珙認爲，《詩》具有精深微婉的言外之意，呂祖謙《呂氏家塾讀詩記》中
《鄘風‧載馳》中「女子善懷，亦各有行」句的解釋，就是體悟到了作《詩》
者的「微婉之旨」，所以，他才引用了呂祖謙的這段解釋，表示自己認同他的
這個觀點。

胡承珙能意識到《詩經》文本中的言外之意，並在箋《詩》過程中，常
常注意體會文辭的言外之意、味外之旨，所以程克雅高度評價道：「（胡承珙）
解詩超越於注經的要求，就是在詩歌文辭意旨的玩味及體會上，這是只能注
經的經生所不能及之處。」〔註28〕

（三）《詩》無達詁，所以不可以文害辭，以辭害志

胡承珙能特別重視涵詠《詩經》的文本，玩其言外之意、味外之旨。因
此，他認爲，《詩》無達詁，善於讀《詩》者，要明白其中的引申之義：

夫詩無達詁，讀詩者原有引伸觸類之法。（《齊風‧甫田》，P460。）

這是中國古代文論家普遍認同的一個觀點，〔註29〕與現代的闡釋學和接受美
學理論是相通的。《詩序》不可廢的原因，也在於能求得作詩者的言外之意：

《序》每求作詩之意於言外，所以不可廢也。（《秦風‧渭陽》，
P594～595。）

〔註28〕 程克雅：《胡承珙解經方法探究》，《第五屆清代學術研討會論文集》，1997年，
第84頁。
〔註29〕 如譚獻，就有「作者未必然，讀者何必不然」的著名論斷。

胡承珙進而認爲，箋《詩》者和讀《詩》者，都不可以以文害辭，以辭害志：

> 朱《傳》惟泥於諸「我」字皆爲后妃自我，故致乘馬攜僕，以文害辭。(《周南・卷耳》，P28。)

> 承珙案：鳲鳩均壹之德，毛於《曹風・鳲鳩・傳》及之，而《鵲巢》并未嘗言。蓋詩人取興，止於鳩居鵲巢，其均壹之德固是言外所該。《文心雕龍》云：「鳲鳩貞一，故夫人象義。」《東萊文集》有云：「居已成之鵲巢，受百兩之厚禮，爲夫人者自思苟無純靜均一之德，其何以堪之？」是則以德言鳩，於詩義自無大悖。況《序》言「可配」，本指夫人，非關鵲鳩。鄒忠胤云：「鵲鳩殊種，喻二姓之好，族類名物之相稱。」此說得之。即如昭元年《左傳》：鄭伯享趙孟，穆叔賦《鵲巢》，趙孟曰：「武不堪也。」杜《注》云：「喻晉君有國，趙孟治之。」此可見詩無達詁，何庸以文害辭？(《召南・鵲巢》，P63。)

這裡，第一例，胡承珙點明朱熹《詩集傳》在解釋「嗟我懷人」時，犯了以文害辭的錯誤，誤會了《詩》義；第二例，胡承珙引眾家之說，駁斥歐陽修認爲「詩人不謬，但《序》與《箋》傳誤爾」的觀點。胡氏指出了歐陽修也是犯了以文害辭的錯誤：歐陽修認爲《詩序》「德如鳲鳩，乃可以配」中的「可配」是指鳲鳩，而實際上，應該是指的夫人。

此外，胡承珙還明確指出：

> 讀《詩》者不可以文害辭，以辭害志也。(《小雅・楚茨》，P1081。)

（四）審語勢以箋《詩》

審語勢，是沙志利先生所謂《毛詩後箋》解經方法四點可陳者之三，「這是修辭學方法，胡氏用之較精」。〔註30〕胡承珙能認識到《詩經》文本中言辭之「妙」：

> 承珙案：古人文字，似不必如此板對。且若以二句之「蘊藻」與四句之「行潦」作對：蘊藻，聚藻也；行潦，流潦也，豈不更見文章參差變化之妙乎？(《召南・采蘋》，P80。)

> 承珙案：……《正義》云「求不飲女之爵」，固即《射義》「求中辭爵」之意，然必增字成句，於經文語氣不合。竊意此本罰爵，

〔註30〕沙志利：《〈儒藏〉精華編第 30、31 冊介紹》，見 http://www.ruzang.org/ft_displaynews.asp？id=491。

　　而謂之「祈」者，言欲射中以求爾之卒爵，輔廣所謂借此以勸飲耳。
　　此詩人立言之妙也。（《小雅・賓之初筵》，P1154。）

第一例中，胡承珙認為，「蘊藻」和「行潦」相對，可以顯出「文章參差變化
之妙」，則是明顯地承認《詩經》是「文章」，具有「參差變化」，這正是《詩》
文之「妙」處。這與前揭四庫館臣所謂「經不可以文論」的觀點明顯相左。
第二例，也點明了「詩人立言之妙」。再如：

　　承珙案：嚴《緝》云：「連稱『樂土』者，喜談樂道於彼，以見
　　其厭苦於此也。」今謂古人疊句，乃長言嗟歎之意。祇疊「樂土」
　　二字，尤見悲歌促節，不必改毛從韓。（《魏風・碩鼠》，P505。）

雖然胡承珙在此處的箋釋，已被出土文獻證明是錯誤的，但是他認為《詩經》
文本能見到「悲歌促節」，則可見，胡承珙在尊《詩經》為「經」的同時，也
把《詩經》當作「文」來看。胡承珙還認為，箋《詩》者，要善於體會《詩》
中之「味」，以得其「趣」：

　　《傳》用此意釋詩，於詞旨最為深婉。若如《箋》說「不如我
　　眾臣之所知」為「不如我眾臣之所狎習」，則淺直少味矣。（《衛風・
　　芄蘭》，P307。）

　　「會且歸矣」，季彭山曰……徐氏常吉曰……承珙案：二說皆極
　　有理趣。（《齊風・雞鳴》，P442。）

第一例，胡承珙認為，《毛傳》能得詩人的精深微婉之旨，而《鄭箋》的解說
則是「淺直少味」；第二例，胡承珙認為，季本和徐常吉的箋釋「極有理趣」，
這都是將《詩經》看成是與詩歌一樣的文學作品。胡氏以「妙」、「味」、「趣」
等評論後世普通詩歌的術語來評《詩經》，可見，《毛詩後箋》箋《詩》所持
的文學立場。

　　此外，胡氏在箋《詩》的實踐中，經常以文義相合與否來作為是否確詁
的衡量標準。某家說法要是做到了文義相合，就可以說是正確可通的訓釋；
而一旦某家說法於文義不合或有迂曲之處，則是需要辨正的錯誤觀點：

　　「吉士誘之」……陸士衡《演連珠》云：「遁世之士，非受飽瓜
　　之性；幽居之女，非無懷春之情。是以名勝欲，故偶影之操矜；窮
　　欲達，故陵雲之節厲。」此雖文人之詞，然最於詩意有合也。（《召
　　南・野有死麕》，P115。）

　　王肅述毛，又云：「往之女家，從華落色衰以來，三歲食貧。」

此於上句「自我徂爾」中間多一轉折，亦於文義不合。(《衛風·氓》，P300。)

　　承珙案：……《正義》於「席，大也」，仍蒙首章「宜」字，以爲大得其宜，於理亦通，而文義稍迂曲。(《鄭風·緇衣》，P366。)

胡承珙在箋《詩》時，無論是解釋詞義還是校勘訛誤，都常運用尋繹上下文義的方法，這也可以說明他箋《詩》的文學立場。

　　從以上的分析，我們可以得知，胡承珙箋《詩》兼採經學立場和文學立場。在經學立場裏，他堅持古文經學立場的優勢地位，但又適當顧及今文經學立場和宋學立場。從《毛詩後箋》對《詩序》遵從的態度來看，胡承珙箋《詩》是以古文經學爲核心立場的。這個核心立場，保證了《毛詩後箋》能堅守純正的學術源流，也保證了《毛詩後箋》堅定的學術路向，也充分保證了《毛詩後箋》能取得明顯的學術成就。胡氏不避其他立場，兼容並蓄，持論公允，這使得胡氏最大限度地實現其「求古求是」的箋《詩》宗旨。胡承珙是一位考據學家，《毛詩後箋》精於文字、音韻、訓詁、名物的考證；加之胡氏本來又是一位詩人，深諳詩歌創作之法，他對詩歌藝術特質的認識，應該較其他專治《詩經》的經學家要深刻得多。此即胡承珙走得較別人更遠的主要原因。他因此被譽爲清中葉「毛詩三大家」之一，在《詩經》研究史上也佔有自己的一席之地。

　　(本文原刊於《安徽文獻研究集刊》第四卷，黃山書社，2011 年)

《毛詩後箋》對《詩經》的校勘平議

　　典籍經過輾轉傳抄，理論上錯誤會越來越多。而直到清代，經過學術的不斷積累和發展，在這個「校勘成果碩果累累、校勘學獨立形成的時期」〔註1〕，校勘學才有了快速發展，以至於皮錫瑞《經學歷史》盛讚「精校勘」是「國朝經師有功於後學者」的三事之一。〔註2〕清代大批考據學者積極投身於考據實踐之中，力圖最大可能地恢復古籍原貌，盡可能追求經典的本義，並試圖以此來完成他們通經明道、經世致用的使命；熱衷於對典籍進行校勘，則是他們的一個重要手段。

　　《詩》之校勘，古已有之。目前可見到最早的關於校勘《詩》的記載，是《國語‧魯語》：「昔正考父校商之名《頌》十二篇於周大師，以《那》為首。」但自從《詩》被當做經典之後，文字就不能輕易更改，《詩經》校勘一直發展得比較緩慢，校勘理論更是滯後。自漢至明，只有鄭玄、顏師古、陸德明、孔穎達與宋代部分學者如朱熹等少數人在《詩經》校勘史上比較注目，而這種校勘大多局限於版本對校，也沒有形成理論。清代的很多學者都有《詩經》校勘的經歷，如顧廣圻採擇當時所能搜集到的眾多版本，為阮元撰《毛詩注疏校勘記》貢獻獨多，在學界形成了廣泛影響，是校讎家之校勘的典範；而「清人解《詩》注重校勘者，尤以段玉裁《毛詩故訓傳定本》、胡承珙《毛詩後箋》、馬瑞辰《毛詩傳箋通釋》和陳奐《詩毛氏傳疏》為要」，〔註3〕這幾家的《詩經》校勘，則是學者之校勘的典範。

〔註1〕倪其心：《校勘學大綱》，北京：北京大學出版社，2004年，第2版，第47頁。
〔註2〕皮錫瑞著，周予同注釋：《經學歷史》，北京：中華書局，2004年，第241頁。
〔註3〕陳才：《阮元本〈十三經注疏〉誤刻六則——兼談古籍校勘中參校對象的問

本文擬從胡氏在《毛詩後箋》在校勘上的範圍、內容和方法入手，對其成就作一探討。

一、《毛詩後箋》的校勘範圍廣泛

邱慧芬說：「相較馬瑞辰與陳奐二人，胡承珙校勘的範圍顯然層面較廣，他不僅對於《序》、《傳》、《箋》、《正義》進行校勘，並且也兼及他書引文。」〔註4〕事實上，《毛詩後箋》校勘的範圍，不僅涉及《詩經》文本，還涉及到《詩經》漢學系統的漢唐傳注，以及涉及宋人《詩》注。此外，他在箋釋《詩經》時，對所引用的《說文》、《爾雅》等字書，以及史部、子部、集部著作也隨文進行校勘。當然，《毛詩後箋》最主要還是集中於對《詩經》文本、《詩序》和《毛傳》進行校勘，而對他書的校勘則是為此服務的，這與胡氏撰作本書的意圖相關。

（一）對《詩經》文本的校勘

簡澤峰《胡承珙〈毛詩後箋〉析論》列胡承珙校勘經文者八處，分別是：《鄘風・定之方中》「終焉允臧」當作「終然允臧」；《小雅・常棣》「況也永歎」之「況」，或作「況」，或作「兄」，又作「皇」；《小雅・六月》「我是用急」當作「我是用戒」；《小雅・車攻》「搏獸于敖」當作「薄獸于敖」；《小雅・節南山》「憂心如惔」之「惔」當作「炎」或「炎」；《小雅・賓之初筵》「式勿從謂」當作「用勿從謂」；《大雅・抑》「告之話言」當作「告之詁言」；《魯頌・有駜》「歲其有」下脫「年」字。〔註5〕此外還如，《召南・羔羊》「委蛇委蛇」也可以作「委委蛇蛇」，等等。特別是《王風・中谷有蓷》中對「何嗟及矣」的校勘，頗值得我們注意：

> 「何嗟及矣」，《箋》云：「及，與也。泣者傷其君子棄己：嗟乎，將復何與為室家乎！」詳玩《箋》語，經文當作「嗟何及矣」，（「何及」二字文義相連，「嗟」字自當在句首。）傳寫者誤倒之。今各本皆然，從來無人是正。《序》下《正義》云：「何嗟及矣，是決絕之

題》，《船山學刊》，2012 年第 1 期，第 104 頁。〔附註：該文亦收入本書，第151 頁。〕

〔註4〕邱慧芬：《胡承珙馬瑞辰陳奐三家詩經學研究》，臺灣師範大學博士學位論文，2003 年，第 272～273 頁。

〔註5〕簡澤峰：《胡承珙〈毛詩後箋〉析論》，臺灣暨南大學碩士學位論文，2001 年，第 163 頁。

語。」可知孔所見本已誤倒矣。《韓詩外傳》二、《說苑‧建本篇》引《詩》皆作「何嗟及矣」，然《外傳》引孔子曰：「不慎其前，而悔其後。嗟乎，雖悔無及矣！」（《說苑》同，無「嗟乎」二字。）是正以「何及」二字相連爲義。而所引《詩》仍作「何嗟」，亦皆傳寫誤倒。（王氏《釋詞》謂《韓外傳》兩引《詩》皆作「何嗟及矣」，而未檢所引孔子語，遂以「嗟」爲句中語助，「嗟」字當在「何」字下，非今本誤倒。此說非是。）〔註6〕

在這一條中，胡承珙《鄭箋》之解釋和《韓詩外傳》所引孔子之語，認爲「何及」二字文義相連，所以，「嗟」字不當在中間隔斷文勢，當置於句首；「何嗟及矣」應該作「嗟何及矣」。並且否定了王引之《經傳釋詞》中，認爲「嗟」可以作句中助詞的說法。事實上，現存傳世文獻中，「嗟」大多作爲句首語助；而如「于（吁）嗟」一類用法中，「嗟」字之前也是語助，而無實詞，我們將「嗟」看作句首語助也是沒有問題的。這一錯誤產生較早，從今天所能見到的敦煌寫本看來，就已經誤倒了，卻「從來無人是正」。胡承珙善於從語言中發現問題，並加以糾正，充分顯示出其校勘水平之高超。

除此之外，談春蓉還指出了胡承珙對他書引《詩》訛誤也有校勘，如在經部書《左傳》、《說文》、朱熹《詩集傳》，子部書《呂覽》，史部書《史記》、《漢書》、《宋書》，類書《太平御覽》中，對《詩經》的引文都有些錯誤，胡承珙對其都有所校正。〔註7〕

（二）對於歷代《詩》注的校勘

胡承珙對歷代《詩》注的態度可以歸納爲：「遵循《詩序》、推崇《毛傳》、略取《鄭箋》、兼採他家、存留異說。」〔註8〕由於胡承珙治學既尊漢學，又不偏廢宋學，故而《毛詩後箋》除校勘《詩經》文本外，還涉及對漢唐《詩經》學注疏中《詩序》、《毛傳》、《鄭箋》、陸德明《經典釋文‧毛詩音義》、孔穎達《毛詩正義》內容的校勘，又有對宋人《詩經》學成果如李樗《毛詩集解》、嚴粲《詩緝》等的校勘。

〔註6〕（清）胡承珙撰，郭全芝校點：《毛詩後箋》，合肥：黃山書社，1999 年，第348～349 頁。

〔註7〕談春蓉：《略論〈毛詩後箋〉的訓詁和校勘成就》，湖北大學碩士學位論文，2008 年，第 41 頁。

〔註8〕陳才：《胡承珙〈毛詩後箋〉文獻學研究》，廣西大學碩士學位論文，2010 年，第 32 頁。

1. 對《詩序》的校勘。比如，《毛詩後箋》對《齊風・雞鳴・序》加以校勘，胡承珙據《箋》、《傳》和《孔叢子》之文義，認為，該序中的「警戒」當作「敬戒」。〔註9〕

2. 對《毛傳》的校勘。《毛詩後箋》對《毛傳》的校勘尤多，比如，《邶風・雄雉》「自詒伊阻」，胡承珙認為「《傳》本當作『繄』，今《左傳》仍作『伊』，及《詩疏》引《傳》亦作『伊』，皆寫者誤改耳。」〔註10〕

3. 對《鄭箋》的校勘。上文所引《小雅・斯干》「朱芾斯皇，室家君王」條，亦是對《鄭箋》的校勘。此外，還如對《小雅・斯干》「下莞上簟」條，胡承珙據《毛詩正義》之文，懷疑《鄭箋》之「葦」字當屬衍文。〔註11〕胡承珙的校勘雖無版本上的證據，但竹葦本是二物，「竹葦曰簟」，頗為不辭。故其說可予採信。

4. 對《經典釋文・毛詩音義》的校勘。比如《小雅・斯干》「載衣之裼」條，《釋文》曰：「裼，《韓詩》作褅。」胡承珙說：「褅，當從『衣』作『禘』。《說文》：『禘，裸也。』引《詩》『載衣之禘』。蓋用《韓詩》。段《注》以《毛詩》『裼』為『禘』之假借，是也。」〔註12〕

5. 對《毛詩正義》的校勘。如《魏風・汾沮洳》說「《魏譜・正義》引此『側』作『于』。」〔註13〕

6. 對今文經學和對宋人《詩》注的校勘。比如：《大雅・召旻》「草不潰茂」對《韓詩外傳》的校勘〔註14〕；《王風・君子于役》中「君子于役」條，不僅涉及《詩譜・疏》，還有《文選注》，還附帶對李樗《毛詩集解》、嚴粲《詩緝》等進行校勘校勘〔註15〕。

（三）對他書的校勘

管錫華先生在論及古籍校勘應注意的問題時，強調：「我們通過對他書引文與原文的細緻比較考察發現，不僅類書的引文不可盡信，一般書籍的引文和注解的引文同樣都不可盡信。」〔註16〕《毛詩後箋》在箋《詩》時，喜引

〔註9〕 （清）胡承珙撰，郭全芝校點：《毛詩後箋》，第 439 頁。
〔註10〕 （清）胡承珙撰，郭全芝校點：《毛詩後箋》，第 170 頁。
〔註11〕 （清）胡承珙撰，郭全芝校點：《毛詩後箋》，第 925 頁。
〔註12〕 （清）胡承珙撰，郭全芝校點：《毛詩後箋》，第 927 頁。
〔註13〕 （清）胡承珙撰，郭全芝校點：《毛詩後箋》，第 486 頁。
〔註14〕 （清）胡承珙撰，郭全芝校點：《毛詩後箋》，第 1490 頁。
〔註15〕 （清）胡承珙撰，郭全芝校點：《毛詩後箋》，第 336～337 頁。
〔註16〕 管錫華：《校勘學》，合肥：安徽教育出版社，1991 年，第 195 頁。

用他書，諸如《爾雅》、《說文》、《方言》、《玉篇》等字書、《廣韻》、《集韻》等韻書和先唐時期的史部、子部、集部書共 400 餘種來證成己說。胡氏於所引之書有訛誤時，則隨加校勘，多以小字標明，附於正文之下。

1. 對《說文》、《爾雅》等解經字書的校勘。如《豳風‧東山》「鸛鳴于垤」條校《說文》之誤〔註17〕；《邶風‧新臺》「得此戚施」條則對《爾雅》之誤字進行了校勘〔註18〕。

2. 對史部、子部、集部書的校勘。如《周南‧關雎》「關關雎鳩」條校《史記》誤字〔註19〕，又校《淮南子》之誤字〔註20〕；《鄭風‧羔裘》「彼其之子」條校《文選注》之誤「韓詩」作「毛詩」〔註21〕。凡此類隨文校勘頗多，不勝枚舉。

二、《毛詩後箋》校勘的內容全面

《毛詩後箋》的校勘，不僅範圍廣，而且內容全，涉及衍、脫、訛、倒、錯位、異文以及章句數的釐定等等。其中，有不少地方是對已有校勘成果加以辨析，正者申之，誤者糾之；有些地方還在校勘的同時說明致誤原因。「作為把握校勘正誤準則的一個重要保證，就是對文字致誤原因進行具體分析。」〔註22〕指明致誤原因使得胡氏的校勘成果具有說服力，同時，又說明胡氏對校勘已經有一定的理論認識。

（一）校衍文

如《鄭風‧褰裳》「豈無他人」之《鄭箋》，《毛詩注疏校勘記》認為《正義》本無「宋衛」二字。〔註23〕胡承珙在引《毛詩正義》之文時，就先以小字注明「宋本『衛』作『是』，蓋『宋衛』乃『本是』二字之誤。」再據《左傳》、《穀梁》，認為「《箋》當止言齊晉，必不兼及宋衛，定本有『宋衛』者非是」。〔註24〕

〔註17〕（清）胡承珙撰，郭全芝校點：《毛詩後箋》，第 715 頁。
〔註18〕（清）胡承珙撰，郭全芝校點：《毛詩後箋》，第 224 頁。
〔註19〕（清）胡承珙撰，郭全芝校點：《毛詩後箋》，第 10 頁。
〔註20〕（清）胡承珙撰，郭全芝校點：《毛詩後箋》，第 11 頁。
〔註21〕（清）胡承珙撰，郭全芝校點：《毛詩後箋》，第 385 頁。
〔註22〕管錫華：《校勘學》，第 146 頁。
〔註23〕（漢）毛亨傳，（漢）鄭玄箋，（唐）孔穎達疏：《毛詩正義》（繁體標點本），北京：北京大學出版社，2000 年，第 357 頁。
〔註24〕（清）胡承珙撰，郭全芝校點：《毛詩後箋》，第 411～412 頁。

（二）校脫文

如《大雅・綿》「其繩則直」條：

> 「其繩則直」，《傳》：「言不失繩直也。」《正義》曰：「《傳》以繩無不直而云其繩則直者，言太王所作宮室不失繩之直也。」承珙案：《文選・東京賦》薛綜《注》引此《傳》云：「不失繩直之宜也。」上言「不失」，下當有「之宜」二字。《箋》云「繩者營其廣輪方制之正」，即申《傳》「宜」字。今本脫去二字。《正義》亦但云「《傳》言不失繩直」，則其脫誤久矣。〔註25〕

（三）校訛文

如《檜風・匪風》「溉之釜鬵」條案：「溉」乃水名，非「滌」義。《說文・手部》「摡，滌也」，引詩「摡之釜鬵。」是《毛詩》本當作「摡」。〔註26〕

（四）校乙文

如《小雅・信南山》「鼓鐘送尸」條，段玉裁《詩經小學》校定這裡的「鼓鐘」二字互乙。胡承珙引類書《北堂書鈔》為段玉裁的校勘成果提供補證，並指明其致誤原因，還附帶指出何楷《詩經世本古義》中的錯誤。〔註27〕

（五）校錯位

如前面所舉的《小雅・斯干》「朱芾斯皇，室家君王」條，胡承珙校定《鄭箋》中的前十五字為《毛傳》之文混入。又如胡氏據《毛詩正義》所引顏師古《五經定本》、崔靈恩《毛詩集注》，確定今本《召南・甘棠》篇首章之《鄭箋》，當屬《毛傳》，並引《史記》、《漢書》、《說苑》、《白虎通義》來印證自己的這個觀點。〔註28〕

（六）校異文

如《周南・關雎》「君子好逑」條，胡承珙認為，「《爾雅》古有兩本，『逑』、『仇』異字，以『逑』為『仇』之假借。」「《後漢書・皇后紀論》『《詩》美好逑』章懷《注》引《詩》『君子好逑』，並引《毛傳》為『君子好匹』。可見《毛傳》自有作『逑』之本，不得定以作『仇』者為毛氏舊文也。」

〔註25〕 （清）胡承珙撰，郭全芝校點：《毛詩後箋》，第 1248 頁。
〔註26〕 （清）胡承珙撰，郭全芝校點：《毛詩後箋》，第 649 頁。
〔註27〕 （清）胡承珙撰，郭全芝校點：《毛詩後箋》，第 1092 頁。
〔註28〕 （清）胡承珙撰，郭全芝校點：《毛詩後箋》，第 84 頁。

〔註 29〕從今天的出土文獻來看，「述」爲「仇」的本字，「仇」字後起。胡氏的這個結論是無疑正確的。此外，《爾雅》用《魯詩》，胡承珙以《爾雅》既有作「述」之本，又有作「仇」之本，則《魯詩》不必專用「仇」。熹平《魯詩》石經作「述」，也可印證胡氏的這個觀點。

（七）釐定章句數

關於《毛詩》的分章，毛和鄭已有意見不一的地方，比如《周南·關雎》，毛分爲三章，鄭分爲五章。在《毛詩後箋》中，胡承珙有時也對《毛詩》文本的章句數加以校勘，如，認爲《大雅·行葦》當爲二章章六句，五章章四句〔註30〕；又如關於《鄘風·載馳》的分章，胡承珙駁斥《孔疏》和《左傳》杜預注之說，並認爲此詩當爲四章〔註31〕，其說可從。

此外，胡氏還比較重視對已有校勘成果的辨析，並能從其中得出更可靠、更合理的結論。如《衛風·碩人》「碩人其頎」，《經義雜記》認爲當作「頎頎」，《校勘記》駁之。胡承珙則提出了自己的看法：「《玉篇》引《傳》云『頎頎，具長貌。』則《傳》文自重一『頎』字，與今本不同。蓋《經》作『頎』，《傳》作『頎頎』，即『洸洸潰潰』之例耳。」〔註 32〕這裡胡氏並不是在折中臧琳和阮元的意見，而是對二家各有批評，並提供了一種更爲合理的看法。本詩二章《鄭箋》有云「敖敖，猶頎頎也」，則前文肯定有「頎頎」一詞出現，或爲經文，或爲《傳》文。若經文作「頎頎」，於古無徵，《校勘記》之辨甚是，當從之。所以應該考慮是《傳》文作「頎頎」才是。而《邶風·谷風》「有洸有潰」，《毛傳》則在解釋的時候，則說成「洸洸」、「潰潰」，可見《毛傳》有疊詞爲訓的例證。而我們從古人書寫習慣來看，古人疊詞一般都用重文符號，這很可能是《毛傳》中的一個重文符號被書手漏抄而形成的脫文。胡氏之校勘，有理有據，較前二說爲長，當從。

三、《毛詩後箋》校勘的方法精當

關於校勘方法，通行的一般是陳垣的本校、對校、他校、理校四法。而程千帆、徐有富《校讎廣義》則將陳氏前三法及其綜合運用合稱對校。胡承

〔註29〕　（清）胡承珙撰，郭全芝校點：《毛詩後箋》，第 13 頁。
〔註30〕　（清）胡承珙撰，郭全芝校點：《毛詩後箋》，第 1344 頁。
〔註31〕　（清）胡承珙撰，郭全芝校點：《毛詩後箋》，第 275～276 頁。
〔註32〕　（清）胡承珙撰，郭全芝校點：《毛詩後箋》，第 289 頁。

珙《毛詩後箋》於程氏之對校法中，所體現出的最大特色就是博採窮搜，盡可能地依靠更多文獻來校勘，並對已有成果加以辨析。於理校法中，最突出的就是運用音韻學知識和尋繹注文之義以校勘；特別是尋繹注文之義以校勘的方法，自來鮮有校勘學研究者注意，諸多校勘學著作亦鮮有提及此法。胡承珙在校勘方法上的這三個特色，是詩經學者之校勘與版本校勘家之校勘的最大分歧在所在。作爲清代詩經學研究重鎮，胡承珙《毛詩後箋》的校勘方法和成果頗值得今人吸收。

（一）取材廣博，加以辨析

胡氏《毛詩後箋》中徵引書目 400 餘種，涉及經史子集四部。在校勘時，胡氏能充分運用這些文獻，凡涉及《詩經》或與自己的論證相關的文獻，都將其用於自己的校勘實踐中。這既可見胡氏讀書之細精，涉獵之廣泛，知識之淵博；又可見胡氏對《詩經》之校勘之盡心。他在《毛詩後箋》中，對已有的校勘成果如顧炎武、戴震、段玉裁、臧庸、阮元等人的校勘成果並不盲從，而是加以辨析，擇善而從，有錯必改，這就盡可能地保證了胡氏校勘成果的可信度。

（二）運用音韻學知識以校勘

魯國堯先生說：「音韻學是古籍整理的有效武器，此乃顛撲不破之理。」〔註 33〕用音韻學以校勘，是理校中較爲注重實證的一種方法。如果能科學地根據音韻學知識來校勘古書，其校勘成果相對來說，可信度較高。音韻學在清代勃興，不少學者都用此法來校勘古書。胡承珙亦能吸收最新理論成果，將音韻學知識廣泛的運用到《詩經》的校勘中，如《陳風·墓門》「歌以訊之」，自宋王質《詩總聞》以爲作「歌以誶之」，後世多有從之並加申述者。可是胡承珙列舉多證，認爲訊、誶爲一聲之轉，不必以訊爲誶的訛俗字。〔註 34〕這個說法爲今人黃焯先生《毛詩鄭箋平議》所從。又如：

> 「女子有行，遠父母兄弟。」臧玉林曰：「家藏明人舊刻本作『遠兄弟父母』，始知俗本爲誤。『母』讀若『每』，與上『淇水在右』爲韻。後見《唐石經》亦然。」《校勘記》云：「小字本、閩本、明監本皆作『遠兄弟父母』，《釋文》以『遠兄』二字作音，可證。」

〔註 33〕 魯國堯：《魯國堯語言學論文集》，南京：江蘇教育出版社，2003 年，第 645 頁。

〔註 34〕 （清）胡承珙撰，郭全芝校點：《毛詩後箋》，第 622～623 頁。

> 承珙案：《王風·葛藟》、《魯頌·閟宮》皆「母」與「有」韻，《小
> 雅·沔水》「母」與「友」韻，與此「母」「右」為韻正同。顧氏《詩
> 本音》仍作「遠父母兄弟」，何氏焯謂其未加考正，漫從《大全》
> 本耳。〔註35〕

這是《衛風·竹竿》第二章，臧琳據明刻本和《唐石經》，認為「遠父母兄
弟」當作「遠兄弟父母」，阮元亦持此說。胡承珙據《詩經》中另有二處母、
有相押和一處母、友相押，斷定母、右亦相押，更加有力地證明了臧琳的正
確觀點，並指出了顧炎武《詩本音》的錯誤。馬瑞辰《毛詩傳箋通釋》也有
相同的結論。

（三）尋繹注文以校勘

　　根據注釋性文字中語言的脈絡和邏輯來校勘被注文字，當屬理校法中較
為高明的手段。王欣夫《文獻學講義》即列「據本書古注校例」和「據他書
古注校例」，並舉高郵二王之例。〔註36〕我們來看看這個例子。《王風·丘中
有麻》首章末句「將其來施施」，在《詩經》校勘史上是比較突出的一例。
最早顏之推《顏氏家訓》就有校勘，到清代更是有大量學者對此句的校勘發
表意見。張湧泉先生《校勘學概論》有論〔註37〕，此不贅述。但他家都是局
限於作「將其來施施」還是「將其來施」，而胡承珙關注的問題則不止於此：

> 承珙案：臧說是也。又《釋文》云：「將，王申毛如字，鄭七良
> 反。下同。」《正義》述毛云：「彼留氏之子嗟，其將來之時施施然。」
> 此所謂讀「將」如字也。然依此，則經文當作「其將來」，不應作「將
> 其來」矣。竊謂毛讀「將」如字者，猶《氓》詩「將子無怒」之訓
> 「將」為「願」，「將其來」者，願其來，正《序》所謂「思」也。《釋
> 文》云「鄭七良反」，是謂鄭訓「將」為「請」。然次章《箋》云「言
> 其將來食」，是鄭意讀如《簡兮》「方將萬舞」之「將」，訓當為「且」，
> 非訓為「請」而讀七良反也。〔註38〕

這裡，胡承珙同意臧琳的看法，認為「施施」當作「施」，這個說法未必可

〔註35〕（清）胡承珙撰，郭全芝校點：《毛詩後箋》，第304頁。
〔註36〕王欣夫：《文獻學講義》，上海：上海古籍出版社，2005年，第184頁。
〔註37〕張湧泉、傅傑：《校勘學概論》，南京：江蘇教育出版，2007年，第 14～16
　　　　頁。
〔註38〕（清）胡承珙撰，郭全芝校點：《毛詩後箋》，第362頁。

靠。而他從《正義》解釋的文義中，敏銳地看出，它不是在解釋「將其來」，而是在解釋「其將來」。我們在敦煌寫本中發現，伯 2529 正作「其將來施施」，《正義》所據本當與此本同。這裡，胡氏雖然是駁斥《正義》誤解毛義，而我們從其中可以充分看出胡氏對語言的敏感度。如果以此法校勘，其結論大多可信。比如在《小雅·都人士》中，胡氏據《鄭箋》和《正義》對《詩序》的解釋，校定《詩序》衍一「衣」字〔註 39〕；又如《大雅·既醉》「昭明有融，高朗令終。令終有俶，公尸嘉告。」《毛傳》：「融，長。朗，明也。始於饗燕，終於享祀。俶，始也。」胡承珙根據對上下文義的考察，得出《毛傳》「始終」二字久經傳寫，以致誤倒。〔註 40〕

再來看一個例子。《小雅·采薇》「豈不日戒」，《鄭箋》曰：「言君子小人豈不日相警戒乎？誠曰相警戒也。」阮元《校勘記》據此以爲這兩個「日」均當作「曰」。〔註 41〕胡承珙駁其說曰：

　　　　承珙案：此校非是。玩《箋》意正當作「日」，若作「曰」，不必言「相」矣。《漢書·匈奴傳》引《詩》「豈不日戒」，顏師古注：「豈不日日相警戒乎？」《一切經音義》六亦引《詩》「豈不日戒」。知作「日」是，作「曰」非也。〔註 42〕

胡氏此說亦是據《鄭箋》之語以糾正阮元《校勘記》之失，再加上兩個外證，足成定論。其後，陳喬樅也有與胡承珙相同的觀點，王先謙《詩三家義集疏》引陳喬樅之說以示認同。

綜上所述，我們可以看出，胡承珙《毛詩後箋》在《詩經》之校勘上用力尤多，無論從校勘的範圍，還是校勘的內容、校勘的方法角度來看，《毛詩後箋》在《詩經》校勘學上的成就與影響都值得我們關注。在段玉裁《毛詩故訓傳定本》和署名阮元《毛詩注疏校勘記》之後，胡氏更加側重理校，並有所突破，還注意對已有校勘成果進行梳理，在《詩經》的校勘上取得了相當高的成就。與校勘家不同，胡承珙精研《詩經》學，所以其校勘範圍更廣，除《詩經》文本外，還有大量對他書，特別是《詩序》和《毛傳》的校勘。其校勘內容全面，校勘方法精當，特別是尋繹注文以校勘的理校法，堪稱一

〔註 39〕　（清）胡承珙撰，郭全芝校點：《毛詩後箋》，第 1182 頁。
〔註 40〕　（清）胡承珙撰，郭全芝校點：《毛詩後箋》，第 1344～1346 頁。
〔註 41〕　（漢）毛亨傳，（漢）鄭玄箋，（唐）孔穎達疏：《毛詩正義》（繁體標點本），第 694 頁。
〔註 42〕　（清）胡承珙撰，郭全芝校點：《毛詩後箋》，第 779～780 頁。

流。胡氏的《詩經》校勘，豐富了清代校勘學的內容，在清代校勘學史上理應佔有一席之地。

　　雖然胡承珙校勘成果未必都正確，但今人在整理古書，特別是《毛詩注疏》時，應充分吸收其校勘方法的精髓；在整理和研讀《毛詩注疏》的時候，也很有參考其校勘成果的必要。特別是整理《毛詩注疏》時，若能吸收諸如胡承珙《毛詩後箋》、馬瑞辰《毛詩傳箋通釋》和陳奐《詩毛氏傳疏》等校勘成果，加以辨析，於可取之處出以校記，這必然會有益《詩》學，嘉惠學林。

（本文原刊於《澳門文獻信息學刊》，2014 年第 2 期）

胡承珙《毛詩後箋》成書及版本考述

　　胡承珙（1776～1832）是清代中期《詩經》學「古文三大家」之一，其生平力作《毛詩後箋》，是清代一部重要的《詩經》學著作，學界歷來推崇備至，將其與馬瑞辰（1777～1853）的《毛詩傳箋通釋》、陳奐（1786～1863）的《詩毛氏傳疏》並稱。胡承珙撰寫《毛詩後箋》至《魯頌·有駜》章，疾作而歿，自《泮水》章以下由陳奐補成。這本未竟之作，是其一生心血所凝，奠定了他在清代《詩經》學史上的歷史地位。

一、《毛詩後箋》的成書

　　胡承珙《求是堂文集》中，關於撰寫《毛詩後箋》的最早記錄保存在《寄姚姬傳先生書》中，信中說，陳用光（1768～1835）「曾以拙著《毛詩後箋》中數事，錄呈左右，猥蒙先生許可，有眞讀書人之目」。〔註1〕姚鼐1815年卒，此信大致作於同年或此前一年。可見，胡承珙早就開始撰寫《毛詩後箋》了。杜宗蘭在其博士學位論文《胡承珙〈毛詩後箋〉的經學與詩學》的摘要中稱，《毛詩後箋》的撰寫花了胡承珙30多年的時間。〔註2〕其論文原文無緣得見，不知其論據爲何。郭全芝先生亦有同樣的觀點，她說：「胡承珙自己耗費在《後箋》上的時間，就前後長達三十年左右。」〔註3〕郭先生爲《毛詩後箋》的點校者，其說雖未加論證，但理應有所根據。胡氏於1824年歸

〔註1〕　（清）胡承珙，《求是堂文集》，《續修四庫全書》第1500冊，上海：上海古籍出版社，2002年，第235a頁。

〔註2〕　杜宗蘭：《胡承珙〈毛詩後箋〉的經學與詩學》，香港大學博士學位論文，2007年。

〔註3〕　郭全芝：《清代〈詩經〉新疏研究》，合肥：安徽大學出版社，2010年，第119頁。

田後，雖專事著述，不寓外事，但始終保持著與學界的聯繫，特別是關注《詩經》學的發展情況。他的一封《答陳碩甫明經書》，即是明證：

> 碩甫先生足下：都門一晤，不奉教者七八年矣。……昨者以病乞歸，喙息年餘，始稍稍自力，而學殖荒落，炳燭無及，奈何？承示欲發明《毛傳》，聞之躍然。懋堂先生所輯《毛傳故訓》大旨，略示椎輪，足下飫聞緒論，從而闡幽抉奧，罔厥旨歸，必有以大過人者。承珙雖嘗從事於此，而作輟不恆，至今因循，未能卒業。……敝鄉治此經者，汪起潛《毛詩異義》，聞已付梓，尚未得見。同年馬元伯，曩在京師，嘗公晤言，時多創論，別來未知已成書否。魏默深聞刻有《詩古微》二卷，不知其去歲曾到杭州，頃以寄書都中，向索所著矣。我朝說《詩》家，所見十餘種，善讀《詩》者，惟陳氏長發與段懋堂先生二人而已。《四庫》所著錄者，尚有《詩稗疏》、《詩疑辨證》、《讀詩質疑》數種，未見其書。足下曾有此本否？今日安研武林文瀾閣上，倘可借觀乎？〔註4〕

陳碩甫坡即陳奐。魏源（1794～1857）《詩古微》初刻之二卷本正是道光九年（1829）刻成，故黃麗鏞《魏源年譜》將此信繫之於此年。〔註5〕該信中言及魏源於前一年在杭州，據《魏源年譜》，魏源曾於道光八年（1828）在杭州，〔註6〕可知此信作於1829年無疑。考胡承珙於嘉慶二十四年（1819）七月五日結識陳奐，又於道光元年（1821）赴臺灣履職。信中言及「不奉教」於陳奐已有七八年，時間上正相合。這個時間與信中所言及的「昨者以病乞歸，喙息年餘」、「承珙前在海外」也相合。從此信來看，《毛詩後箋》的撰寫因胡承珙生病而有所中斷，但仍然一直在堅持。而且，《毛詩後箋》的最後統稿、定稿工作應該是在1829年到1832年的這三四年時間裏。

胡培翬《胡君別傳》謂胡承珙對《毛詩後箋》「撰稿屢易，手自寫定」〔註7〕，並非虛美之言。胡承珙生前在著述本書的同時，就已經開始了對該書修訂刪改等工作。胡氏《與沈小宛書》說：

> 弟家居伏案，俗務閒之。拙著《毛詩》，正事繕寫，常數日不登

〔註4〕（清）胡承珙：《求是堂文集》，《續修四庫全書》第1500冊，第255a頁。

〔註5〕黃麗鏞：《魏源年譜》，長沙：湖南人民出版社，1985年，第85頁。

〔註6〕黃麗鏞：《魏源年譜》，第81頁。

〔註7〕（清）胡承珙撰，郭全芝校點：《毛詩後箋》，合肥：黃山書社，1999年，第1675頁。

一紙。近始寫至《王風》，容俟再加審諦，尚思隨時就正耳。〔註8〕

沈小宛即沈欽韓（1775～1831）。其後，胡氏在《與竹邨書》中說：

> 承珙歸田後，終日爲無用之學。《毛詩》錄稿，僅畢《國風》《小雅》，近覷鈔胥，別錄一副，才寫完《二南》《邶風》，已及十萬言，似未免過繁，尚擬手錄藏功，再加刪削耳。〔註9〕

竹邨爲胡培翬（1782～1849）的號。其後，胡氏在《與林小岩書》中，又說：

> 拙著自謂頗有功於毛氏，今脫稿將畢矣。以卷帙過繁，將來無力付梓，尚須再加刊削耳。〔註10〕

1814年，魏源曾從胡承珙「問漢儒家法」，其《詩古微》初刻完成後，即寄與胡承珙，徵詢其意見，胡氏撰《與魏默深書》談了自己的看法。胡氏又有《與竹邨書》，言及：

> 懷祖先生書，如《國語》、《管子》、《淮南子》校本，並《讀書雜志》，不知刻成幾種，如可購覷，萬祈留意。〔註11〕

胡承珙請胡培翬替自己購買王念孫的書。我們可以從《毛詩後箋》中看到，書中有些地方引用了王夫之《詩經稗疏》、王念孫《讀書雜志》、魏源《詩古微》的說法，甚至還引用了同時代的馬瑞辰、陳奐的說法。馬瑞辰《毛詩傳箋通釋》和陳奐《詩毛氏傳疏》成書較《毛詩後箋》晚，胡承珙引用其說，大概是書信交流所知。從這些地方，我們可以看出，《毛詩後箋》在撰寫過程中，確是因不斷吸取他人新說的需要而屢經刪改。

1832年閏九月十四日，胡承珙卒。可惜其時《毛詩後箋》還沒完稿。現在呈現給我們的《毛詩後箋》，自《魯頌·泮水》章下，是胡承珙好友陳奐補成。有人認爲，這是胡承珙囑其好友陳奐爲其續補，其實不然。應該說是胡承珙臨終前請胡培翬爲其校理遺著，而胡培翬出面斡旋，再敦請二人共同的好友陳奐幫助續補《毛詩後箋》。胡培翬又同時敦促承珙二子先翰、先頼請陳奐玉成其事。陳奐所作《〈毛詩後箋〉序》中有「甲午（1834）夏，令嗣先翰、先頼召奐至其里第，屬任校讎遺書」、「今奐因令嗣之請」等語〔註12〕，只言

〔註8〕　（清）胡承珙：《求是堂文集》，《續修四庫全書》第1500冊，第263a頁。

〔註9〕　（清）胡承珙：《求是堂文集》，《續修四庫全書》第1500冊，第264b～265a頁。

〔註10〕　（清）胡承珙：《求是堂文集》，《續修四庫全書》第1500冊，第268a頁。

〔註11〕　（清）胡承珙：《求是堂文集》，《續修四庫全書》第1500冊，第265b頁。

〔註12〕　（清）胡承珙撰，郭全芝校點：《毛詩後箋》，第3頁。

及承珙二子，未嘗言及胡培翬，其間眞相仍需點明。

在胡承珙去世前不久，胡培翬前往鍾山講院，經過他家。胡承珙謂胡培翬曰：「吾病將不起，所著《毛詩後箋》未及寫畢，所作雜文亦未刪定，子其爲我理而付梓。」〔註13〕而在兩年後，胡培翬於涇川書院課讀之餘，「一意用力校訂承珙遺書，《毛詩後箋》之校勘及增補，則敦聘陳奐完成。十四年（1834）夏，陳奐親至涇川承珙家中校閱《後箋》，歷數月而畢。原書未完成之《魯頌・泮水》以下，則由陳奐返鄉後續作。」〔註14〕胡承珙過世後，家境中落，二子先翰、先頖已不能全力支持《墨莊遺書》的刊刻付梓了。而且，《毛詩後箋》尚未定稿，其刊刻難度更大。其間，胡培翬因聘請陳奐校訂的費用問題有所糾纏，陳奐《序》中未言及胡培翬，或即由此。此外，胡培翬自己也受到了胡氏家族的一些干擾，但他始終竭盡全力，斡旋其間，終使《毛詩後箋》刊出。此即《毛詩後箋》最早的刻本——求是堂本。柳向春先生《胡培翬與陳奐交遊研究》一文於此有詳細論述，可參閱。〔註15〕

二、關於《毛詩後箋》版本情況的著錄

學界關於《毛詩後箋》版本情況的著錄大多不夠全面，同一版本的名稱也不夠統一，如：

孫殿起《販書偶記》：「毛詩後箋三十卷　涇胡承珙撰　道光丁酉孟冬求是堂刊　光緒十六年廣雅書局刊。」〔註16〕

《續修四庫全書總目提要・毛詩後箋》：「道光丁酉孟冬求是堂刊本　光緒十六年廣雅書局刊本。」〔註17〕

范希曾《書目答問補正》：「毛詩後箋□□卷。胡承珙。　墨莊遺書本。　許桂林毛詩後箋八卷，未刊。【補】胡書三十卷，廣州局本，續經解本。蒙按：胡書後　卷未成，爲陳奐所補。」〔註18〕

蔣見元、朱傑人師《詩經要籍解題・毛詩後箋》：「《毛詩後箋》，有道光

〔註13〕（清）胡承珙：《求是堂文集》，《續修四庫全書》第1500冊，第191b頁。

〔註14〕柳向春：《陳奐交遊研究》，上海：華東師範大學出版社，2010年，第197頁。

〔註15〕柳向春：《陳奐交遊研究》，第197～204頁。

〔註16〕孫殿起：《販書偶記》，北京：中華書局，1959年，第21頁。

〔註17〕中國科學院圖書館整理：《續修四庫全書總目提要》，北京：中華書局，1993年，第371頁。

〔註18〕（清）張之洞撰，（清）范希曾補正：《書目答問補正》，上海：上海古籍出版社，2001年，第15頁。

十七年《墨莊遺書》本、光緒十六年廣雅書局刻本，及《皇清經解續編》本。」
〔註19〕

　　《詩經要籍提要・毛詩後箋》：「本書有道光丁酉（1837）求是堂刊本、《皇
清經解續編》本，《廣雅書局叢書》本。」〔註20〕《中國叢書綜錄》著錄的與
此三家並同。〔註21〕

　　蔣元卿《皖人書錄》：「清道光五年求是堂刊本；清鮑方渠刊本；清光緒
十六年（1890）廣雅書局刊本；黃清經解續編本；廣雅書局叢書本；崇文書
局叢書本。」〔註22〕

　　柳向春《陳奐交遊研究》附：「1）清鮑方渠刊本（《皖人書錄》）；2）道
光十七年（1837）《求是堂全集》本；3）光緒七年（1881）蛟川方氏重刊本；
4）《皇清經解續編》本（光緒十四年南菁書院本，光緒十五年上海蜚英館石
印本）；5）崇文書局叢書本（《皖人書錄》）；6）光緒十六年（1890）廣雅書
局刊本；7）1920年番禺徐紹棨彙編重印《廣雅書局叢書》本；8）1989年
臺灣新文豐《叢書集成新編》本；9）1994年上海書店《叢書集成續編》影
印《廣雅書局叢書》本；10）1995年《續修四庫全書》影印道光十七年求是
堂刊本；11）1999年郭全芝校點黃山書社排印本。」〔註23〕

　　以上各家的著錄，以柳先生書最後出，言之最詳，但亦有未涉及者。此
外，崇文書局曾輯刻兩種叢書，一為《崇文書局匯刻書》，又名《三十三種叢
書》，一為《正覺樓叢刻》，共刻書八十種，並未收《毛詩後箋》，而只是收了
胡承珙的《儀禮古今文義疏》，可見該書據《皖人書錄》著錄的這個版本有誤。
臺灣新文豐出版公司的當是「續編」而非「新編」。

三、《毛詩後箋》版本特徵概述

　　我們若想釐清《毛詩後箋》的版本源流，還需先瞭解這眾多版本的版本
特徵。

〔註19〕蔣見元、朱傑人：《詩經要籍解題》，上海：上海古籍出版社，1996年，第105
　　　　頁。
〔註20〕夏傳才、董治安主編：《詩經要籍提要》，北京：學苑出版社，2003年，第257
　　　　頁。
〔註21〕上海圖書館編：《中國叢書綜錄》第2冊，上海：上海古籍出版社，2007年，
　　　　第58頁。
〔註22〕蔣元卿：《皖人書錄》，合肥：黃山書社，1989年，第714頁。
〔註23〕柳向春：《陳奐交遊研究》，第333頁。

（一）刻本及其館藏情況

1. 清道光十七年求是堂本。這是《毛詩後箋》最早的版本，胡氏家刻，為《墨莊遺書》（又稱《求是堂叢書》）之一，故此本又稱《墨莊遺書》本、《墨莊全書》本、《求是堂叢書》本、《求是堂全集》本，於道光十七年（1837）孟冬刊刻行世，共二十冊。該版版高 16.6 釐米，版寬 25.4 釐米；半葉十行，行二十二字，小字雙行同；左右雙欄；白口，單黑魚尾，書口處刻「毛詩後箋」四字，版心處刻明卷數、下再標明頁碼。正文前分別有胡培翬《福建臺灣道兼學政加按察使銜胡君別傳》、馬瑞辰序和陳奐序。求是堂本刊刻精良，又有陳奐校訂、胡培翬監督刊刻事宜，錯訛較少，是《毛詩後箋》最好的一個版本。現國家圖書館、臺灣「中國國家圖書館」、安徽省圖書館、南京圖書館、浙江省圖書館、湖南圖書館、中山圖書館、北京大學圖書館、山東大學圖書館、華東師範大學圖書館、吉林大學圖書館、陝西理工學院圖書館、臺灣傅斯年圖書館等館均有收藏。

2. 清光緒七年蛟川方氏重校本。拙撰《淺談蛟川方氏重校本〈毛詩後箋〉》認定此本「應為求是堂本的仿刻本，而非挖補本」，並對其版本特徵和館藏情況言之較詳，可參閱。〔註24〕

3. 清光緒十四年南菁書院本，又稱《皇清經解續編》本。光緒十一年（1885）八月，王先謙奉旨為江蘇學政。十月二十六日抵江陰。十一月於南菁書院西長江水師協政署故址建屋兩進，開設南菁書局，捐銀一千兩，繼阮元之志，刊刻圖書。《毛詩後箋》於光緒十四年（1888）刻成，十二冊。該版半葉十一行，行二十四字，小字雙行同；左右雙欄；白口，單黑魚尾，魚尾朝下，書口處刻「毛詩後箋」四字，版心處刻明卷數、下再標明頁碼。鈐「學部圖書之印」。該版本刻工精良，且對求是堂本中存在的少量錯字有所糾正。不收眾家序言和胡培翬的《胡君別傳》。該版原圖版已毀於戰火，現國家圖書館、臺灣「中國國家圖書館」、安徽省圖書館、浙江圖書館、湖南圖書館、中山圖書館、遼寧省圖書館、北京大學圖書館、清華大學圖書館、山東大學圖書館、大連市圖書館、臺灣傅斯年圖書館等館均有收藏。

4. 清光緒十六年廣雅書局本。光緒十二年（1887 年）三月，時任兩廣總督的張之洞帶頭捐資創辦廣雅書局。光緒十六年（1890），廣雅書局刻《毛詩

〔註24〕陳才：《淺談蛟川方氏重校本〈毛詩後箋〉》，《上海高校圖書情報工作研究》，2010 年第 4 期，第 43～44 頁。

後箋》，爲廣雅書局叢書八十四種之三，前有牌記「光緒十六年廣雅書局刻」。該版半葉十一行，行二十四字，小字雙行同；四周單欄，黑口，單黑魚尾；版框左上有書耳，記本版字數，大小字分列；版心處爲「毛詩後箋」及卷次，下注明頁碼，其下方右側刻「廣雅書局梓」五字。正文前有馬瑞辰序、陳奐序、目錄和胡培翬的《胡君別傳》。國家圖書館、臺灣「中國國家圖書館」、南京圖書館、湖南圖書館、遼寧省圖書館、北京大學圖書館、中國人民大學圖書館、山東大學圖書館、華東師範大學圖書館、吉林大學圖書館、鹽城師範學院圖書館等館均有收藏。

5. 清鮑方渠刊本。《皖人書錄》據《安徽藝文考》著錄了這個版本，但是未注明刊版年代，其他多家書目亦未著錄此本，多家圖書館網站均未檢索到此版本，所以我們暫時無法見到這個版本，不能知曉其版式特徵，甚至我們還不能斷定是否有這一版本。故，這個版本僅可作爲一個存疑的版本。若確實有這個版本，據《皖人書錄》的順序，其底本當是求是堂本。

（二）石印本及其館藏

清光緒十五年蜚英館石印本。清光緒十五年（1889），由上海蜚英館據南菁書院本印行。此爲《皇清經解續編》的另一個版本，共一冊，無序，無目錄，無《胡君別傳》。版高 16.4 釐米，分上中下三欄，每欄高 5.4 釐米，版寬 23 釐米；半頁三十三行，行二十四字，小字雙行同；左右雙欄；白口，單黑魚尾，書口處刻「皇清經解續編」六字，版心處刻「卷七十六上／下」、下方刻「毛詩後箋」、再標明頁碼。該版雖係縮印，字跡較小，但印刷質量頗高，文字清晰。國家圖書館、臺灣「中國國家圖書館」、安徽省圖書館、浙江省圖書館等眾多圖書館均有收藏。

（三）重印本及其館藏

1920 年徐紹棨彙編重印本。民國九年（1920），番禺徐紹棨將廣雅書局叢書彙編重印，其中自當收錄《毛詩後箋》。此本內容、行款版式與廣雅書局本《毛詩後箋》完全相同。此本安徽省圖書館、四川大學圖書館、臺灣傅斯年圖書館等館均有收藏。湖南圖書館、遼寧省圖書館和山東大學圖書館既收藏了 1890 年的刻本，亦收藏了此重印本。

（四）影印本

一些叢書收錄《毛詩後箋》，後世影印這些叢書，自然就有了《毛詩後箋》的這些影印本了。

1. 《皇清經解續編》影印本

（1）上海圖書館藏本。虞萬里先生稱之爲「《皇清經解正續合編》本」。據虞萬里先生《正續清經解編纂考》一文的考證，此本當爲 1893 年之後的本子，係據蜚英館石印本影印。〔註 25〕

（2）藝文印書館影本。1965 年，臺灣藝文印書館據蜚英館石印本《皇清經解續編》影印。

（3）復興書局影本。1972 年，臺灣復興書局據蜚英館石印本《皇清經解續編》影印。

（4）中國書店影本，1988 年，中國書店據蜚英館石印本《皇清經解續編》影印。

（5）鳳凰出版社影本，2005 年鳳凰出版社出版《皇清經解‧皇清經解續編》，其中所收《毛詩後箋》，據蜚英館石印本影印，但不少地方字跡略顯漫漶。

2. 《叢書集成續編》影印本

（1）新文豐影本。1989 年，臺灣新文豐出版公司出版的《叢書集成續編》，其中所收《毛詩後箋》，據徐紹棨彙編重印本影印。

（2）上海書店影本。1994 年，上海書店也出版一部《叢書集成續編》，雖然其內容與新文豐出版的《叢書集成續編》不盡相同，但是其中也收進了《毛詩後箋》，也是據徐紹棨彙編重印本影印。

（3）《續修四庫全書》影本。此本據南京圖書館藏求是堂本影印，收於《續修四庫全書‧經部‧詩類》第 67 冊。2002 年，上海古籍出版社出版。

（4）《詩經要籍集成》影本。2002 年，中國詩經學會組織編纂《詩經要籍集成》，其中第 29、30 冊所收《毛詩後箋》，據 1888 年所刻南菁書院本影印。

除去以上版本之外，《毛詩後箋》還有兩個點校本問世。

（1）郭全芝校點本。1999 年 8 月黃山書社出版郭全芝先生校點本《毛詩後箋》，爲安徽古籍叢書第十二輯。該書以求是堂本爲底本，以《皇清經解續編》本、廣雅書局本爲參校本，採用繁體字豎排和新式標點，但仍使用專名號和舊式書名號。校點本前有郭氏《整理說明》、馬瑞辰序、陳奐序，後有胡培翬《福建臺灣道兼學政加按察使銜胡君別傳》。對於本書校點情況，郭先生《清代〈詩經〉新疏研究》收錄《〈毛詩後箋〉整理略說》，言之較詳，可參

〔註 25〕虞萬里：《正續清經解編纂考》，《皇清經解‧皇清經解續編》，南京：鳳凰出版社，2005 年，第 11～12 頁。

看。〔註26〕

（2）《儒藏‧精華編》本。此書由山東大學文史哲研究院莊大鈞、石靜、
續曉瓊三位先生校點，收於《儒藏‧精華編》第30、31冊，2009年8月北京
大學出版社出版。此本以《續修四庫全書》影印求是堂刻本爲底本，參校以
《皇清經解續編》本、廣雅書局本和郭全芝校點本，對於書中引文，儘量查
核出處，酌出校記。此本較郭校本，在引文的處理方式上有所不同。胡氏引
文往往節引、意引，郭校本只對完全忠實於原文的引文施加引號。此校點本
則採用寬式引號，凡一家之說，無論意引、節引抑或胡氏整理歸納原著之說
者，只於首尾加一引號，以明起訖。〔註27〕此本未參校以蛟川方氏重校本，
則屬白璧微疵。

四、《毛詩後箋》版本源流圖示

通過對以上版本特徵的概述，我們可以看出，《毛詩後箋》的版本，除
存疑的鮑方渠刊本外，有求是堂本、蛟川方氏重校本、南菁書院本、蜚英館
石印本、廣雅書局本、郭全芝校點本和《儒藏‧精華編》本七種。《毛詩後
箋》還被收入一些叢書中，故有多種影印本，《續修四庫全書》本據求是堂
本影印；《皇清經解續編》目前已出版有多種影印本，均據上海蜚英館石印
本影印，基本相同，當視爲同一版本。蜚英館石印本是據南菁書院本按9：1
的比例縮印而成，當屬同一版本系統；番禺徐紹棨彙編重印本是1920年由
徐紹棨據1890年的廣雅書局本彙編重印，與原版相同，未作改動，二本亦
當屬同一版本。在這五種版本中，蛟川方氏重校本、南菁書院本、廣雅書局
本係據求是堂本重新校勘刊刻而成，當於求是堂本外獨成一個系統。郭全芝
先生校點本和《儒藏‧精華編》本爲標點本，二者略有不同，則可以視爲各
自獨立的版本。也就是說，《毛詩後箋》具有求是堂本、蛟川方氏重校本、
南菁書院本、廣雅書局本、郭全芝校點本和《儒藏‧精華編》本六種版本，
其中刻本四種，點校本兩種。刻本以求是堂本最佳，但亦略有錯訛。《中國
古籍善本書目（經部）》著錄的國家圖書館所藏蛟川方氏重校本，因爲有李
慈銘的校勘和跋語，也是個很好的版本，應該引起足夠的重視。我們可以對

〔註26〕郭全芝：《清代〈詩經〉新疏研究》，合肥：安徽大學出版社，2010年，第191
〜197頁。
〔註27〕沙志利，《儒藏》精華編第30、31冊介紹〔EB／OL〕，〔2010-01-03〕http://www.
ruzang.org/ft_displaynews,asp？id=491.

《毛詩後箋》的版本源流情況，故作版本源流圖示如下：

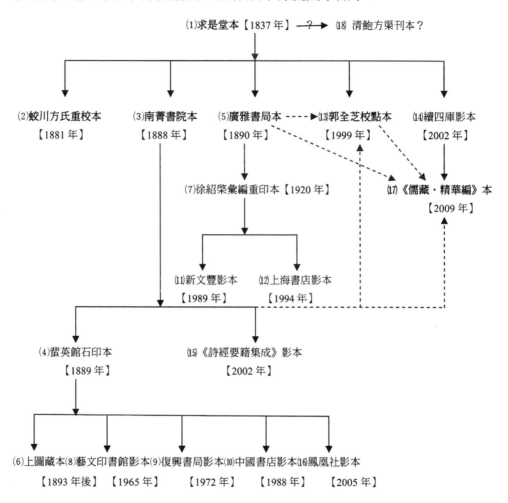

說明：

1. 字體加粗的為《毛詩後箋》的主要版本。標問號的表示存疑。
2. 實線箭頭所指版本，或為影印自前一版本，或為以前一版本為底本；虛線箭頭所指版本以前一版本為參校本。
3. 南菁書院本和廣雅書局本是否參校了蛟川方氏重校本暫不清楚，但從其版刻情況來看，參校的可能性不大。廣雅書局本是否參校了南菁書院本暫不清楚。

（本文原刊於《文津學誌》第5輯，國家圖書館出版社，2012年）

胡承珙《毛詩稽古編後跋》疏解

　　清儒胡承珙（1776～1832），字景孟，號墨莊，安徽寧國府涇縣西陽溪頭都龍坦村（今安徽省宣城市涇縣榔橋鎮溪頭村）人。《清史稿》《清史列傳》均有傳。

　　胡承珙是皖派樸學中的重要人物，經學成就較高，特別是在詩經學領域。其《毛詩後箋》與馬瑞辰《毛詩傳箋通釋》、陳奐《詩毛氏傳疏》並稱，為清代中期「毛詩學」三部重要著作，向來為經學史家、學術史研究者稱道。清中期「毛詩學」興盛，與段玉裁《毛詩故訓傳定本》的推動和《說文》學的發展息息相關，與清初毛詩學的積澱也不無關係。胡承珙在《答陳碩甫明經書》中說：「我朝說《詩》家，所見十餘種，善讀《毛詩》者，惟陳氏長髮與懋堂先生二人而已。」〔註1〕承珙對陳啓源的推崇，於此可見一斑。承珙所著《毛詩後箋》，於陳啓源《毛詩稽古編》亦多所引用，或證成己說，或加以批駁。

　　胡承珙《求是堂文集》收《毛詩稽古編後跋》一篇，係承珙閱陳啓源《毛詩稽古編》之後所作的跋，其中討論《毛詩稽古編》中錯誤五條，頗有見地，可與《毛詩後箋》對讀，亦兼有史料價值。本文擬就此跋略作疏解。先錄跋文如下：

> 陳啓源《毛詩稽古編》三十卷，向未見刻本。項在京城，朱蘭坡借《四庫書》副本鈔藏，因得借讀一過。其精到處，足補《箋》《疏》之所不及。

〔註1〕　（清）胡承珙：《求是堂文集》，《續修四庫全書》第 1500 冊，上海：上海古籍出版社，2002 年，第 255 頁下。

其小有舛誤者，如：

《旱麓》篇「民所燎矣」，謂：《說文》尞、燎別字。陸氏引《說文》「柴祭天」，非《鄭箋》「熂燎」之義。案：《釋文》尞、燎二字並引，並及音切之異，其意明以「放火」之訓當《詩》之「燎」字。陸氏未嘗誤也。

《假樂》篇「民之攸墍」，謂：「呬」，《說文》作「鼻臮」。案：《說文》「鼻臮」在鼻部，「呬」在口部，不得合為一字。

《民勞》篇「柔遠能邇」，引《書》孔《傳》云：「言當安遠，乃能安近。」王肅云：「能安遠者，先能安近。」以為二說相反，而釋「能」字則同，不知王及《偽孔》皆以「柔」與「能」並訓為「安」，非以「能」釋「能邇」也。

又附錄《摽有梅》引《說文》或作「抛」，注訓「棄也」，與《毛傳》「摽」訓「墮落」義同；不知《說文》無「抛」字，「抛」乃徐鉉新附。蓋是時《說文解字》始一終亥之本尚未盛行，僅據李燾《五音韻譜》，又誤仞燾書為徐鉉本。顧亭林《日知錄》亦同此誤。

又謂《釋文》引《韓詩》「飲餞于坭」，呂氏《讀詩記》引作「泥」，而《玉海》及《廣韻》均作「坭」，意似以呂《記》為誤。案：鄭注《士虞禮》引亦作「泥」，呂《記》當本此，不誤。〔註2〕

一、陳啓源及《毛詩稽古編》簡介

陳啓源（？～1689），字長發，號見桃居士〔註3〕，江蘇吳江人，居城東存耕堂。《清史稿》有傳，傳附《朱鶴齡傳》後。啓源與顧炎武、朱鶴齡頗有交誼，朱鶴齡為《毛詩稽古編》作敘，稱：「余為《通義》，多與陳子長發商榷而成，深服其援據精博。」〔註4〕陳啓源《毛詩稽古編後敘》，鶴齡撰《毛詩通義》，多與啓源「共為論定」。又據該後敘：「起甲寅，訖丁卯，閱十有四

〔註2〕（清）胡承珙：《求是堂文集》，《續修四庫全書》第1500冊，第288頁下。

〔註3〕陳啓源於《毛詩稽古編敘例》中自署「見桃居士陳啓源述」，阮元序亦稱啓源為「吳江見桃陳氏」。見（清）陳啓源：《毛詩稽古編》，清光緒九年（1883）上海同文書局石印本，敘例第4頁反、阮序第1頁反。

〔註4〕（清）陳啓源：《毛詩稽古編》，清光緒九年（1883）上海同文書局石印本，朱敘第1頁反。

載，三易其稿，始成此編。」〔註5〕即該書撰自 1674 年始，至 1687 年完成。
《四庫全書總目提要》云：

> 國朝陳啟源撰。啟源字長發，吳江人。是書成於康熙丁卯。卷
> 末自記，謂閱十四載，凡三易其稿乃定。前有朱鶴齡序，又有康熙
> 辛巳其門人趙嘉稷序。鶴齡作《毛詩通義》，啟源實與之參正。然《通
> 義》兼權眾說；啟源此編，則訓詁一準諸《爾雅》，篇義一準諸《小
> 序》，而詮釋經旨則一準諸《毛傳》，而《鄭箋》佐之，其名物則多
> 以陸璣疏為主。題曰「毛詩」，明所宗也；曰「稽古編」，明為唐以
> 前專門之學也。所辨正者，惟朱子《集傳》為多，歐陽修《詩本義》、
> 呂祖謙《讀詩記》次之，嚴粲《詩緝》又次之；所掊擊者，惟劉瑾
> 《詩集傳通釋》為甚，輔廣《詩童子問》次之。其餘偶然一及，率
> 從略焉。前二十四卷，依次解經而不載經文，但標篇目，其無所論
> 說者，則並篇目亦不載，其前人論說已明，無庸復述者，亦置不道。
> 次為總詁五卷，分六子目，曰舉要、曰考異、曰正字、曰辨物、曰
> 數典、曰稽疑。末為附錄一卷，則統論風、雅、頌之旨。其間堅持
> 漢學，不容一語之出入，雖未免或有所偏，然引據賅博，疏證詳明，
> 一一皆有本之談。蓋明代說經，喜騁虛辨。國朝諸家，始變為徵實
> 之學，以挽頹波。古義彬彬，於斯為盛，此編尤其最著也。至於附
> 錄「西方美人」一條，牽及雜說，盛稱佛教東流始於周代，至謂孔
> 子抑三王，卑五帝，藐三皇，獨歸聖於西方。捕魚諸器一條，稱廣
> 殺物命，恬不知怪，非大覺緣果之文，莫能救之。至謂庖義必不作
> 網罟，是則於經義之外，橫滋異學，非惟宋儒無此說，即漢儒亦豈
> 有是論哉？白璧之瑕，固不必為之曲諱矣。〔註6〕

該書現存版本數種，洪文婷《陳啟源〈毛詩稽古編〉研究》僅列 6 種，
且未對版本源流作出梳理。〔註7〕于亭、于浩所論《毛詩稽古編》傳佈軌跡亦
容有可商。〔註8〕

〔註5〕（清）陳啟源：《毛詩稽古編》，清光緒九年（1883）上海同文書局石印本，
後敘第 1 頁正。
〔註6〕（清）永瑢等：《欽定四庫全書總目提要》，北京：中華書局，1997 年，第 207 頁。
〔註7〕洪文婷：《陳啟源〈毛詩稽古編〉研究》，臺北：臺灣「中央大學」博士學位
論文，2007 年，第 6〜7 頁。
〔註8〕于亭、于浩：《〈毛詩稽古編〉與清代漢學的展開》，《長江學術》，2016 年第 2

　　《毛詩稽古編》先以稿本、鈔本存世。阮元序謂：「近世學者不知此書，惟惠定宇徵君亟稱之，於是海內好學之士始知轉抄藏弆。」〔註9〕至嘉慶十八年（1813）始有刻本問世。承琪謂「向未見刻本」，良有以也。

　　是書始脫稿時，「皆從俗書」〔註10〕。又有稿本一種，「卷一至三十，皆先生手自繕寫，字體一遵許、徐、毛氏古本，不雜以俗下變體。點畫不苟，音注派別，洵非一朝一夕所成」〔註11〕，當為啟源「自著之，自鈔之，自校之，至五六過」〔註12〕之本。趙嘉稯於康熙甲子（1684）年秋倩工鈔謄一本，其底本「不純用古字」，曾經陳啟源校正，隨即贈予秀水曹溶收藏。趙氏於康熙辛巳（1701）夏又鈔一部，並作識語附於書後，此書今存，藏山東圖書館。

　　乾隆時期，修《四庫全書》，此書於乾隆四十六年（1781）鈔畢。《四庫全書》所收之《毛詩稽古編》三十卷，底本為江西按察使王昶家藏本。其中有朱鶴齡原序、康熙辛巳趙嘉稯識，及啟源後序。王昶《春融堂集》卷四十三有《跋稽古編》一文，於此書緣起敘述頗詳：

　　　　乾隆戊辰，始見是書於定宇徵君所，蓋長發先生手書，字畫雜出於大小篆，古質端雅可愛。閱趙氏嘉稯跋，是書在世上有四本，其三不知所往矣。定宇藏本後歸吳舍人企晉。時趙君損之館其家，手寫一帙以去，頗為藝苑秘寶。趙君歿，書遺軼不存，而企晉所藏，不知無恙否。思之，輒為惘惘。今余自蜀歸，見通經道古之士，靡不重是書，傳寫亦寖廣，以此知覃思深造，博而能精，殆未有不傳；傳久之，未有不益著且大者。余嘗謂紹鄭、荀、虞易學，定宇《易漢學》《周易述》稱最；紹毛、鄭詩學，是書稱最。其疏通證明，一本《爾雅》《說文》，以迄兩漢、六朝古義，不為後世俗說所恩。學《詩》不習毛、鄭，與不學同；而不習是書，猶斷港絕潢，靳至於

期，第 125 頁。
〔註9〕　（清）陳啟源：《毛詩稽古編》，清光緒九年（1883）上海同文書局石印本，
　　　　阮序第 1 頁反。
〔註10〕　（清）陳啟源：《毛詩稽古編》，清光緒九年（1883）上海同文書局石印本，
　　　　趙敘第 1 頁反。
〔註11〕　（清）陳啟源：《毛詩稽古編》，清光緒九年（1883）上海同文書局石印本，
　　　　趙敘第 1 頁反。
〔註12〕　（清）陳啟源：《毛詩稽古編》，清光緒九年（1883）上海同文書局石印本，
　　　　趙敘第 2 頁正。

海，豈不詩哉！此覃溪太史鈔本，雖全用楷法，尚未失原書本意，
借而錄之，並誌是書緣起於左。〔註13〕

由此可知，承珙所獲觀之《毛詩稽古編》，乃朱琦鈔自《四庫》本；《四庫》
本底本，乃由王昶進呈；王昶家藏本，鈔自翁方綱，此本全用楷書鈔寫，其
所自尚不明確。其傳承關係當為：

　　　　？→翁方綱（楷書）→王昶→《四庫全書》→朱琦

是書現存鈔本又有清嘉慶間鈔本，有王宗炎跋，藏復旦大學圖書館；此
外，國家圖書館藏鈔本三部，分別為錢坫校、張敦仁校、王季烈跋；南京圖
書館藏鈔本一部，佚名校；天津圖書館、復旦大學圖書館各有鈔本一部。清
儒費雲倬《附考》中，自謂舊藏張尚瑗手鈔本，又言及金本、趙本、王本、
朱本等，今皆不知其詳，俟後再考。承珙跋中謂朱琦所鈔藏之本，屬《四庫
全書》本系統，且與今所見文淵閣本不盡相同（詳下文），其他亦不知其詳。

是書刻本有嘉慶十八年（1813）龐祐清刻本，前有康熙十八年（1679）
季秋朔日朱鶴齡敘、康熙辛巳夏日趙嘉櫻敘及嘉慶十八年夏五月阮元序，後
有陳啟源後敘；又有嘉慶二十年（1815）增刻本，附入清費雲倬《附考》。又
有《皇清經解》本，僅有敘例，刪去序跋；清光緒五年（1879）、九年（1883）
上海同文書局石印本。筆者所見清光緒九年上海同文書局本，係據嘉慶二十
年增刻本石印。

《毛詩稽古編》的研究，主要有：郭明華《〈毛詩稽古編〉研究》，臺灣
東吳大學碩士學位論文，1992 年；洪文婷《陳啟源〈毛詩稽古編〉研究》，臺
灣「中央大學」博士學位論文，2007 年；江尻徹誠《陳啟源的詩經學：〈毛詩
稽古編〉研究》，北海道大學出版社 2010 年版；藺文龍《陳啟源對清代詩經
考據學的貢獻》，《宜春學院學報》，2013 年第 8 期；于亭、于浩《〈毛詩稽古
編〉與清代漢學的展開》，《長江學術》，2016 年第 2 期等。

二、跋文創作時間

胡承珙《求是堂文集》中所收文章，均未署時間，故其創作時間大多無
法知曉。

朱琦與承珙同為涇縣人，其妻胡氏，與承珙同為涇縣溪頭都人，二人早

〔註13〕（清）王昶：《春融堂集》，《清代詩文集彙編》第 358 冊，上海：上海古籍出
版社，2010 年，第 436 頁下。

年當相識。朱珔次女嵌珠適承珙長子先翰。朱珔中壬戌（1802）科進士第二甲第二名。次年回鄉後，與承珙有詩歌倡和之作。

承珙於嘉慶十年（1805），中乙丑科彭濬榜進士第二甲第八十一名，後改翰林院庶吉士。三年後散館，授編修。其間寓居朱珔雙槐書屋。至嘉慶十五年（1810）外任，充廣東鄉試副考官。不久即升遷為掌陝西道監察御史，又轉為工科給事中。嘉慶二十四年（1819）冬，承珙離京至福建任職。承珙居京自 1805 年至 1819 年，共 15 年。其間，與朱珔常有倡和往來。

此跋創作時間無從考察，惟其間謂「頃在京城」，而該書 1813 年已有刻本，則此跋比較可能是 1810 年起外任時所作。

三、《大雅・旱麓》篇「民所燎矣」

此說不見於承珙《毛詩後箋》。陳啓源說見《毛詩稽古編》卷十七，文曰：

> 民所燎矣，《釋文》云：「燎，《說文》作尞，云：『（柴）〔紫〕，祭天也。』」案：尞，隸變也，字本作褜。《說文》云：「從火，從昚。昚，古文愼字。祭天所以愼也。」又，尞與（僚）〔燎〕別。《說文》：「燎，放火也。從火，尞聲。」此詩「燎」字，《鄭箋》訓「燥燎」，則是放火之「燎」，非（柴）〔紫〕祭之「尞」。陸氏引《說文》，非《箋》義。〔註14〕

才按：《說文》謂尞「從火從昚」，則字本作「褜」，今作「尞」者，未必隸變，或是俗寫致訛：「火」寫作「灬」，「小」則寫成三點，行書、草書中常混。「尞」本從火，又有「燎」字者，乃誤增義符，若「然」之作「燃」。《說文》以尞、燎並存，分別釋義，與「鍾」「鐘」相類，以其時二字並存，強作分別，並非當時用字情況的實際反應。《說文》「尞」訓「紫」〔註15〕，紫，即燔柴祭天也。「燎」訓「放火」，即放火燔燒草木，實乃「紫」之引申。前賢多從《說文》，以為尞、燎字義有別，不確。朱駿聲《說文通訓定聲》謂「尞」：「經傳皆以燎為之。」〔註16〕《王力古漢語字典》謂「褜實燎之本

〔註14〕 （清）陳啓源：《毛詩稽古編》，影文淵閣《四庫全書》第 85 冊，上海：上海古籍出版社，1987 年，第 584 頁上。文字與《皇清經解》本、清光緒九年同文書局石印本略有不同，引文誤字亦據兩本作適當校改。
〔註15〕 （清）陳昌治刻本《說文》「紫」字作「柴」，顯誤。
〔註16〕 （清）朱駿聲：《說文通訓定聲》，北京：中華書局，1984 年，第 317 頁上。

字」〔註17〕，是也。

陸德明《經典釋文》曰：「燎，力召反，又力弔反，《說文》作『尞』，云：『柴，祭天也。』又云：『燎，放火也。』《字林》同。尞，音力召反。燎，音力小反。」〔註18〕誠如胡承珙所說，陸德明尞、燎二字並引。《大雅·旱麓》「瑟彼柞棫，民所燎矣」，此「燎」自非爲祭，則當指「放火」。陸德明引《說文》，意在言明，尞爲燎之本字，此處燎字當訓爲「放火」，實與《鄭箋》「燺燎」之訓無別。

承珙雖不明尞實燎之本字，然謂陸德明「意明以『放火』之訓當《詩》之『燎』字，陸氏未嘗誤也」，以正陳啓源之誤，甚礭。

四、《大雅·假樂》篇「民之攸墍」

此條《毛詩後箋》有論。《毛詩稽古編》卷十九云：

《邶風》「伊余來墍」，《大雅》兩「民之攸墍」，凡三「墍」，《傳》《箋》皆訓息。《假樂》疏據《爾雅》「呬，息」某氏注引《詩》「民之攸墍」，以爲墍與呬，古今字，良是也。案：呬，《說文》作「齂」，云：「臥息也。從鼻，隸聲。」（音弟）然則《詩》作「墍」，乃借也。《說文》墍作「墍」，云：「仰塗也。從土，既聲。」其冀切。《書》「塗墍茨」（《梓材》）當此義矣。《詩》借爲「息」，故《釋文》云：「虛器切。」音亦不同。至「愾」者，乃古「愛」字，《玉篇》以此當「墍」，恐不然。又《正韻》釋「墍」字，引《詩》「來墍」「攸墍」，從「仰塗」取義，訓爲依附，說亦可通，但不知何所本。其《摽梅》「墍」字，毛訓取，與三詩同音而異義。〔註19〕

《毛詩後箋》節錄陳氏之說，並下按語，較《後跋》文字詳細。文曰：

承珙案：《說文·口部》有「呬」，與「齂」異字。《玉篇》但云「墍，息也」，未嘗即以當此詩之「墍」。陳說皆誤。其以《邶·谷風》「伊余來墍」及《大雅》兩「民之攸墍」皆「呬」之假借，則是也。段氏《詩經小學》云：「顏眞卿書《郭令公家廟碑》『民之

〔註17〕王力主編：《王力古漢語詞典》，北京：中華書局，2000年，第664頁。
〔註18〕（清）法偉堂著，邵榮芬編校：《法偉堂經典釋文校記遺稿》，上海：華東師範大學出版社，2010年，第176頁上。
〔註19〕（清）陳啓源：《毛詩稽古編》，影文淵閣《四庫全書》第85冊，第613頁上。《皇清經解》本、清光緒九年上海同文書局石印本同。

攸愍』，字從心，則以『愍』同於『呬』、『眉』字，而非『愿』字矣。《集韻・八未》：『愍，通作塈。』」〔註20〕

才按：承琪所說是。孔穎達以此詩之「塈」，與「呬」為古今字，不確，實則「塈」為「呬」之假借。段玉裁《說文解字注》以為：「蓋《三家詩》作『呬』，《毛詩》作『塈』。」〔註21〕啟源此說是。然呬、眉、鶨，雖音同義同，然實乃三字，不得混同。《說文》於此三字皆收，啟源以「呬，《說文》作『鶨』」，是不知《說文》已收「呬」字，顯誤。

五、《大雅・民勞》篇「柔遠能邇」

此條《毛詩後箋》有論。《毛詩稽古編》卷二十云：

> 柔遠能邇，見《書》，亦見《詩》。鄭注《書》則曰：「能，恣也。」箋《詩》則曰：「能，猶伽也。」「伽」字，唐初已不載字書，音義莫考。《釋文》借用《廣雅》「如」字訓（《廣雅》云：「如，若也，均也。」）釋之，《正義》用《書注》「恣意」釋之，然《鄭箋》自有解矣。《箋》云：「安遠方之國，順伽其近者。」則「伽」義當與順相同。又《釋文》云：「能，〔徐云：〕毛如字，鄭奴代反。」據徐反，能與耐（同）〔通〕。伽當訓忍、（任）訓〔任〕。徐邈晉人，去鄭未遠，宜得伽字之解矣。但《毛傳》「能」字無訓；孔述毛，全用鄭「順」意，不知徐云「毛如字」當作何義也。案：《尚書》孔《傳》云：「言當安遠，乃能安近。」（孔訓來為安。）《疏》引王肅云：「能安遠者，乃能安近。」二說相反，而釋「能」字則同。隨意或如之。

〔註22〕

今所見《皇清經解》本、清光緒九年上海同文書局石印本無有陳啟源案語。承琪引《毛詩稽古編》文，有陳啟源案語。惟所引「據徐反」，作「據徐音」，所引王肅說作「先能安近」，核之《尚書正義》，作「先」字是，文淵閣《四

〔註20〕（清）胡承琪撰，郭全芝校點：《毛詩後箋》，合肥：黃山書社，1999年，第1353頁。

〔註21〕（清）段玉裁注，許惟賢整理：《說文解字注》，南京：鳳凰出版社，2007年，第98頁。

〔註22〕（清）陳啟源：《毛詩稽古編》，影文淵閣《四庫全書》第85冊，第624頁下。文字據《皇清經解》本、清光緒九年上海同文書局石印本校改；陳啟源案語，《皇清經解》本、同文書局本無。

庫全書》本誤；又文淵閣《四庫全書》本「隨意或如之」，句義不通，承珙
引文作「徐意或當如之」。如此，則朱琦所錄副之底本，與今所見文淵閣本
不盡相同，可能並非文淵閣本。而承珙撰《毛詩後箋》所使用之本，當與朱
琦鈔本同，而並非刻本系統。

《毛詩後箋》引陳啓源說，未明言其誤處，僅下案語道：

> 承珙案：「柔遠能邇」，亦見《顧命》。彼《傳》云：「和遠又和
> 近。」與《舜典·傳》語又微異。總之，毛不釋「能」字，自以經
> 文四字爲互文見義。於「遠」言「柔」不言「能」，於「邇」言「能」
> 不言「柔」，實則遠邇皆能柔之耳。一説「能」讀當爲「而」，漢《督
> 郵班碑》作「柔遠而邇」。而、如，古字通。《君子偕老》「胡然而天
> 也，胡然而帝也」，《毛傳》云：「尊之如天，審諦如帝。」是即以「而」
> 爲「如」。則此篇毛意或亦讀「能」爲「如」，言安遠國如其近者。
> 徐云「能，毛如字」者，毛時「能」「如」聲近，讀「能」猶讀「如」
> 也。〔註23〕

此語當與《後跋》參觀，方明承珙本意。

才按：考《尚書》僞《孔傳》及王肅之說，皆當如承珙《後跋》所云，
「以『柔』與『能』並訓爲『安』」。馬瑞辰謂：「能與柔義相近，柔之義爲
安，爲善，能亦安也，善也。」並舉《漢書·百官公卿表》「柔遠能邇」，顏
師古《注》：「能，善也。」以證其說。〔註24〕此可補承珙之說。陳啓源以爲，
「能邇」之「能」，訓「能夠」之「能」。《毛傳》雖未釋「能」字，不過徐
邈說「毛如字」，可能《毛傳》也是訓爲「能夠」之「能」。如字，注音非釋
義，啓源此說不確。承珙駁之，甚是。又，承珙《毛詩後箋》謂，「柔遠能
邇」爲互文，義爲能柔遠者，能柔邇者。承珙此說，陳奐有駁：「解者並以
『柔遠』『能邇』對文，非是。」〔註25〕

六、《摽有梅》引《說文》之「拋」

此條《毛詩後箋》有論。《毛詩稽古編》卷三十曰：

〔註23〕 （清）胡承珙撰，郭全芝校點：《毛詩後箋》，第 1376～1377 頁。
〔註24〕 （清）馬瑞辰著，陳金生點校：《毛詩傳箋通釋》，北京：中華書局，1989 年，
第 921 頁。
〔註25〕 （清）陳奐：《詩毛氏傳疏》，《續修四庫全書》第 70 冊，第 356 頁上。

「摽有梅」，《釋文》：「摽，婢小反，又符表反。」《說文》「抛」
字注云：「棄也。從手，從九〔尤〕，從力；或從手，票聲。《詩》：『摽
有梅。』落也，義亦同。匹交切。」是「摽」乃「抛」之重文。然
「摽」字別見去聲，云：「擊也。一曰絜闇牡也。符少切。」音義皆
與《詩》異。〔註26〕

《毛詩後箋》錄陳啓源、段玉裁、李光地等多家之說，並下案語曰：

> 承珙案：「抛」乃《說文》新附字，陳氏引之殊誤。嚴《緝》
> 據《說文》「摽」本訓「擊」，謂此爲「擊而落之」，於文義多一轉
> 折。《廣韻》「摽，落也」引《字統》云：「合作芟。」此「芟」亦即
> 「受」字，（《說文》有「受」無「芟」。）故段氏以《毛詩》「摽」
> 爲「受」之同部假借，其說得之。李氏《詩所》謂「『摽』與『標』
> 同，木末也」。「女子自言歸期將近，傷離父母之家，如梅之離其本
> 根。」今考《白帖》引「摽有梅」作「標有梅」，李說雖似有據，
> 然於義太迂曲，且與下二句神理不貫：女子方自傷離，而乃云「求
> 我庶士」，如此其汲汲乎？〔註27〕

才按：「摽」字之義，拙文《〈詩〉詞續志》有論，謂當從《說文》訓「擊」。
《毛傳》訓「落」，非也；承珙從之，亦誤。〔註28〕然承珙揭明陳啓源之誤，
甚是。《說文》中並無「抛」字，宋代以後通行本《說文》乃大徐本，亦附
刻徐鉉《說文新附》於各部首之後。《說文新附》中所收之字，通稱「新附
字」。「抛」即新附字。新附爲徐鉉作，非許慎原義，用以證經，欠妥。

學人常謂明人束書不觀，學風空疏，此非空穴來風。我們雖不能排除
明代少數學者精研學術，但大部分經生受陸王心學的影響，流於膚淺，重
「尊德性」而失於「道問學」。觀明人刻書喜妄改之事，亦可窺一斑。《說
文》一書540部，始於《一部》，終於《亥部》。所謂「始一終亥之本」，即
《說文》全本。至宋代，《說文》有「小徐本」「大徐本」，古本不存。徐鉉
嘗編《說文解字韻譜》，以便檢索。而《五音韻譜》，全稱《許氏說文解字

〔註26〕（清）陳啓源：《毛詩稽古編》，影文淵閣《四庫全書》第85冊，第800頁下。
　　　　文字據《皇清經解》本、清光緒九年上海同文書局石印本校改。又，兩本均
　　　　無「一曰絜闇牡也」。
〔註27〕（清）胡承珙撰，郭全芝校點：《毛詩後箋》，第103頁。
〔註28〕陳才：《〈詩〉詞續志》，《傳統中國研究集刊》第11輯，上海：上海人民出版
　　　　社，2013年，第21～23頁。〔附註：該文又收入本書，第13～15頁。〕

五音韻譜》，爲南宋孝宗時，李燾、賈端修參照徐鍇《說文繫傳》編成，分上平聲、下平聲、上聲、去聲、入聲五音，按《集韻》韻目將《說文》及徐鉉新附之字重新編排，然此書仍稱「許愼著，徐鉉校定」。元明及清初，該書因便於使用而廣泛流傳，以致有直接題爲《（重刊）說文》而付梓者。其時，通行所謂《說文》，大多實爲《五音韻譜》。顧炎武《日知錄》卷二十一「說文」條謂：

> 《説文》原本次第不可見，今以四聲列者，徐鉉等所定也，切字鉉等所加也。旁引後儒之言，如杜預、裴光遠、李陽冰之類，亦鉉等所加也。又云「諸家不收，今附之字韻末」者，亦鉉等所加也。〔註29〕

亭林所謂「今以四聲列者，徐鉉等所定也」，實則李燾所定。承珙此說，本《四庫全書總目提要》。《四庫全書》列李燾書於小學類存目，提要云：

> 初，徐鍇作《説文韻譜》十卷，音訓簡略，粗便檢閱而已，非改許愼本書也。燾乃取《說文》而顛倒之。其初稿以《類篇》次序，於每部之中易其字數之先後，而部分未移。後復改從《集韻》，移自一至亥之部爲自東至甲。《說文》舊第，遂蕩然無遺。考徐鍇《説文繫傳》仿《易‧序卦傳》例，作《部敘》二篇，述五百四十部以次相承之故，雖不免有所牽合，而古人學有淵源，要必有說，未可以臆見紛更。又徐鉉新附之字，本非許愼原文，一概混淆，亦乖體例。後人援引，往往以鉉說爲愼說，實燾之由。……顧其書易於省覽，故流俗盛行。明人刊《文獻通考》，又偶佚此書標題，而連綴其前後序文於徐鍇《繫傳》條下，世遂不知燾有此書。明陳大科作《序》，竟誤以爲許愼舊本。茅溱作《韻譜本義》，遂推闡許愼《說文》所以始於「東」字之意，殊爲附會。顧炎武博極群書，而所作《日知錄》亦曰：「《説文》原本次第不可見。今以四聲列者，徐鉉等所定也。」是雖知非許愼書，而又以燾之所編誤歸徐鉉。信乎考古之難矣！〔註30〕

〔註29〕　（清）顧炎武著，陳垣校注：《日知錄校注》，合肥：安徽大學出版社，第1174～1175頁。

〔註30〕　（清）永瑢等：《欽定四庫全書總目》（整理本），第574～575頁。

七、《釋文》引《韓詩》「飲餞于坭」

此說不見於《毛詩後箋》。《毛詩稽古編》卷三十曰：

> 《釋文》別作之字訛舛最多，賴《（詩）〔呂〕記》所引，得正其一二。惟《泉水》「飲餞于禰」，《釋文》云：「禰，《韓詩》作坭。」《呂記》引此「坭」作「泥」。今考《玉（篇）〔海〕》錄《韓詩》異同，此字亦從土旁，作「坭」。又《廣韻》云：「坭，地名。」當指《詩》飲餞之處。則獨此一字，今本得之。〔註31〕

才按：呂祖謙《呂氏家塾讀詩記》引《釋文》「《韓詩》作泥」，與通行本「《韓詩》作泥」不同，以爲無據；並舉《玉海》《廣韻》爲證。承珙舉鄭玄《儀禮注》之例，以糾正陳啓源之說。

《儀禮・士虞禮》：「獻畢，未徹，乃餞。」鄭玄《注》引《詩》「出宿于濟，飲餞于禰。」陸德明《釋文》曰：「禰，乃禮反。劉本作『泥』，音同。」〔註32〕北宋爲金所滅，圖籍或損毀，或散佚，而《宋史・呂祖謙傳》謂「祖謙之學本之家庭，有中原文獻之傳」〔註33〕。呂祖謙引《韓詩》作「泥」者，又與鄭玄注《士虞禮》之劉本同，未必無據。承珙駁陳啓源之說，可從。

又，影文淵閣《四庫全書》本《毛詩稽古編》，「玉海」作「玉篇」，承珙所見非此本明矣。影文淵閣《四庫全書》本《呂氏家塾讀詩記》「泥」作「柅」。《四庫》本不可盡信，信非虛言。

（本文原刊於《徽州文博》，2016 年第 3 期）

〔註31〕 （清）陳啓源：《毛詩稽古編》，影文淵閣《四庫全書》第 85 冊，第 802 頁下。文字據《皇清經解》本、清光緒九年上海同文書局石印本校正。
〔註32〕 （清）法偉堂著，邵榮芬編校：《法偉堂經典釋文校記遺稿》，第 311 頁上。
〔註33〕 （元）脫脫等：《宋史》，北京：中華書局，1977 年，第 12872 頁。

董治安先生注《詩》平議

　　作爲高亨先生的學術傳人，董治安先生自 1953 年起，即在高先生的指導下選注《詩經》。1963 年起，董先生又參加了高先生主持的《詩經新解》中《唐風》、《魏風》的注釋工作，部分成果收錄於《先秦文獻與先秦文學》，部分成果發表於《古典文學論叢》1986 年第 4 期。《先秦文獻與先秦文學》收所收的《〈詩·唐風〉五篇釋義》寫於 1961 年，1986 年又加以改定。該文中，董先生對《唐風》中《揚之水》、《椒聊》、《葛生》、《蟋蟀》、《山有樞》五篇加以注釋，我們在他的《詩經》訓詁實踐中可以看出他關於訓詁的一些見解，亦可窺見他學術思想之一斑。該文在數十年後的今天仍具有重要的學術價值，值得我們學習、總結和繼承。

一

　　自漢代開始出現《詩經》注釋以來，歷代解《詩》的成果有很多，這些都是後人理解《詩經》的基礎。尤其是字詞、名物、典制的訓詁，要特別重視參照前人成果。董治安先生在注《詩》過程中，就充分吸收了前人在這方面的成果，擇善而從。

　　在《〈詩·唐風〉五篇釋義》中，董先生採擇的前人說法有諸經傳注，特別是歷代《詩》注；也有他書傳注；還有字典辭書。

　　《〈詩·唐風〉五篇釋義》對前人所作的諸經傳注多有採擇，特別是歷代《詩》注，主要有：1. 漢唐詩經學著作：《毛詩序》、《毛傳》、《鄭箋》、陸璣《毛詩草木鳥獸蟲魚疏》、陸德明《經典釋文》、孔穎達《毛詩正義》等。2. 宋明詩經學著作：朱熹《詩集傳》、呂祖謙《呂氏家塾讀詩記》、何楷《詩

經世本古義》等。3. 清代詩經學著作有：阮元《毛詩校勘記》、焦循《毛詩補疏》、胡承珙《毛詩後箋》、馬瑞辰《毛詩傳箋通釋》、陳奐《詩毛氏傳疏》、姚際恆《詩經通論》、方玉潤《詩經原始》、王先謙《詩三家義集疏》等。4. 民國以來詩經學著作有：俞樾《群經平議》、吳闓生《詩義會通》、聞一多《風詩類鈔》、余冠英《詩經選譯》、高亨先生《詩經今注》等。

　　文中採用的其他經注主要有：《尚書》偽孔傳、杜預《春秋左傳集解》、鄭玄《儀禮注》、鄭玄《周禮注》、李鼎祚《周易集解》等，以及清人王念孫《經義述聞》、王引之《經傳釋詞》等。此外，文中還採用了《爾雅》及郭璞注、《說文》、《廣雅》、《小爾雅》、《一切經音義》等字書，以及《孟子》趙岐注、《楚辭》王逸注、《淮南子》高誘注、《漢書》顏師古注、《文選》李善注等書中的訓詁資料為證。

　　值得注意的是，董先生對前人的說法並不一味盲從，而是有所取捨。比如《唐風・揚之水》中的「素衣朱襮」，王念孫認為是白色外衣紅色內衣。董先生據本詩下章的「素衣朱繡」，指出王念孫說看似圓通，實則不妥，並明確點明王說「不可從」，並指出這個衣是指中衣。《唐風・椒聊》中「椒聊」的「聊」，陸璣、孔穎達皆以為是語助詞，聞一多則以為是「嘟嚕」的意思。而董先生則列舉兩個證據否定了這些說法：其一，「聊」是句首語助詞，只能用在句首，不能用在句中或句尾。其二，《楚辭》王逸注：「椒聊，香草。」不以「聊」為語助詞。之後，董先生又列清人的幾種說法，對這一問題作進一步申述，給出了比較合理的解釋。

　　歷代《詩》注極多，對一些有爭議的問題，往往各家說法各異，後人在採擇前賢眾說時，必須要有決斷能力。比如《唐風・山有樞》中「他人是愉」的「愉」，董先生說道：

> 《毛傳》：「愉，樂也。」《鄭箋》：「愉讀曰偷，取也。」兩說小
> 有不同，毛說似於義為勝。〔註1〕

董先生察覺到此處毛、鄭釋義的細微區別。毛訓愉為樂，這是常訓，典籍習見。而鄭玄則改字，認為此愉乃偷之假借，是取的意思。本來，愉和偷皆從俞得聲，聲同可通。若將二說置於本句考察，其義皆順。但我們在訓詁中，一般需要遵循能說得通的時候，儘量不要去讀破的原則，這樣看來，鄭玄的

〔註1〕 董治安：《〈詩・唐風〉五篇釋義》，《先秦文獻與先秦文學》，濟南：齊魯書社，1994 年，第 104 頁。

說法也就不如毛亨直接了。若如此說，本詩三章中的「他人是愉」、「他人是保」、「他人入室」之間的層遞關係也凸顯出來了。

在注釋古書時，往往有很多書可以參照。這些舊注中，某一個詞可能會有數個不同的解釋，而這數個解釋中，最多只能有一個是正確的。「擇善而從」，說起來容易，做起來難，很多時候，注《詩》者會在某些詞語的訓詁上莫衷一是，難以判斷。由此可見，在注釋的時候，決斷能力是顯示注釋者學術水平的重要因素，也是他人判斷其注釋質量高下的重要標準。在該文中，我們可以看到，董先生對《唐風》中五篇的每一個詞、每一句話皆參考前說，加以決斷，給出了合理的解釋。這充分顯示了董先生的見識力，也就直接奠定了該文的學術價值。

二

結構主義語言學認為，語言具有共時性和歷時性特徵。古漢語也具備這樣的特徵，從共時性和歷時性的角度分析古漢語也是適用的。古人特別是清人在《詩經》訓詁中，逐漸總結出了「以《詩》證《詩》」、「以經證經」的方法。這一方法無疑是科學的，因為諸經寫作年代大體上相差不遠，其語言可大致看成屬於同一歷史語言層，而其字義也就可以用來互證了。

其實，宋人朱熹已經注意到古漢語的這種特徵了，他在《詩集傳》中，也採用了這種方法來注《詩》了。如《鄭風·女曰雞鳴》「知子之來之」，《詩集傳》說：「來之，致其來者，如所謂『修文德以來之』」。「修文德以來之」出於《論語·季氏》，大致是春秋到戰國初期時期的語言，與《詩經》時代相近。雖然朱熹的這個解釋是錯誤的，這裡的「來之」並不像《論語》一樣，運用的使動用法，這裡的「來」是不及物動詞，「之」不是賓語，而是語助詞。但朱熹用語言的共時性來解《詩》，已經顯示出了重要的學術意義。後來，清儒王念孫總結出的「揆之本文而協，驗之他卷而通」的訓詁原則，這是我國學者對語言共時性理論的理性認識。這較之瑞士語言學家、結構主義語言學的開創者之一索緒爾要早大約 80 年。

董先生在注《詩》中，亦時時注意運用語言的共時性原則來分析詞義。請看董先生對「彼其之子」的解釋：

> 高師說：「彼其之子」指貴族男子。又說：「其」借作「綦」，衣服有華采的樣子。按三百篇中，《王風·揚之水》、《鄭風·羔裘》、

《魏風・汾沮洳》、《曹風・候人》等詩中的「彼其之子」，均為稱
指男子；此外的《詩經》各篇，以及全部先秦古文中，亦未見以「彼
其之子」稱指女子的例證。聞一多先生以「彼其之子」指女子，似
尚待考究。〔註2〕

「彼其之子」一句，《詩經》中凡十四見，不過歷代對這個問題的解釋都顯
得不夠合理。其，古注或不加解釋，或認為是語詞，高亨先生的同學裴學海
先生《古書虛詞集釋》認為是「指事之詞」〔註3〕。董先生所採高亨先生說，
較前人之說無疑是更為合理的，這從董先生所舉例證中即可看出。近年來臺
灣學者季旭昇《詩經古義新證》結合大量的出土文獻和相關材料，對「彼其
之子」的「其」作出了更合理的解釋，文章認為這裡的「其」是周的一個封
國，也就是冀國，字也可寫作「己」、「杞」、「其」、「記」。〔註4〕不過，季文
將《詩經》這十四處中每一處的「其」都坐實指冀國，亦可不必，這完全可
以是運用的借代手法。這樣看來，以「彼其之子」指貴族男子則無疑是一個
更為平實的解釋。

　　董先生在注《詩》中，遵循語言的共時性原則，堅持以《詩》證《詩》、
以先秦文獻證《詩》，來探究詞義。這對於今後學者進行《詩經》訓詁方面的
研究，也具有重要的借鑒意義。

三

　　歷代《詩》注頗多，對於同一個詞的訓詁，有時候會有好幾種不同的說
法。從邏輯上來看，我們在提出新說時，必須首先證明前說一定是錯誤的，
而對提出的新說，也必須提供可靠的證據。這是訓詁中必須遵循的一個原則，
其實也是一個邏輯問題。前人的訓詁在採用別說或提出新說時，對邏輯上的
合理性考慮得不夠，這也是乾嘉學者最大的弊病。然而即使是近年，也仍有
不少學者在注《詩經》時有不合邏輯的現象出現。比如，《召南・摽有梅》中
「摽有梅」的「摽」，《毛傳》訓為「落」，《說文》說：「摽，擊也。」其中並
未舉《詩》此句為證。因為從下面的「其實三兮」、「其實七兮」來看，這裡
的「梅」指梅樹而非梅子，所以《說文》的訓釋較《毛傳》合理，此處當從

〔註2〕董治安：《〈詩・唐風〉五篇釋義》，《先秦文獻與先秦文學》，第95頁。
〔註3〕裴學海：《古書虛字集釋》，北京：中華書局，1954年，第373～376頁。
〔註4〕季旭昇：《詩經古義新證》（增訂版），臺北：文史哲出版社，1995年，第187
　　　～226頁。

《說文》。〔註5〕可是在有位學者在其所撰的《詩經通釋》中,對此不加辨析,對《毛傳》的訓釋隻字不提,就直接採《說文》的訓釋。〔註6〕這就明顯不合邏輯。而這樣的毛病清儒常犯,在今人《詩》注中也屢見不鮮。〔註7〕

　　請看董先生對《唐風·揚之水》中「白石粼粼」的「粼粼」一詞的解釋:

　　　　詩三章「白石粼粼」的「粼粼」二字,《毛傳》解爲「清澈也」。

　　呂祖謙(《呂氏家塾讀詩記》)引《說文》說:「水生涯石間曰粼粼。」

　　玩詩意,「粼粼」指石,非以形容流水,毛說不切,呂說亦難貫通。

　　今按「粼粼」應是白石光潔之狀。《釋文》:「粼,本作磷。」《漢書·

　　司馬相如傳》:「磷磷爛爛」,顏師古注引郭璞曰:「皆玉石符采映曜

　　也。」又,「粼」可通作「麟」,《文選·劇秦美新論》「炳炳麟麟」,

　　李善注:「麟麟,光明也。」均爲例證。〔註8〕

董先生首先對《毛傳》和呂祖謙《呂氏家塾讀詩記》的說法進行辨析,指出其誤。在此基礎上,董先生提出新說:粼粼應該是指「白石光潔之狀」。《漢書》中的「磷磷」,《文選》中的「麟麟」,與《詩經》中的「粼粼」,三詞諧聲可通。董先生對自己提出的新說列舉了這兩個歷時性的例證,(歷時性的材料也很重要,我們看重共時性材料的同時,也絕不能忽略一些歷時性的材料。)這樣就做到了有理有據,結論也就擲地有聲,令人信服。這看似無關緊要,實際上恰恰相反,這裡涉及的是邏輯問題。如此行文,正體現出董先生治學具有非常嚴密的邏輯思維。〔註9〕類似這樣的例子,該文比比皆是,誠如該文開篇所說的:

　　　　對於自漢以來的歷代《詩經》舊注,我們採取的態度是,既不

　　籠統否定,也不盲目信從,而是有選擇地作了一些力所能及的清理。

　　其錯誤有害的內容,則批判之揚棄之;其有益可取的成分,則汲取

〔註5〕 詳參拙作《〈詩〉詞續志》,《傳統中國研究集刊》第 11 輯,上海:上海人民出版社,2013 年。需要特別說明的是,本文作者是董先生的再傳弟子,行文中明顯體現出與董先生治訓詁的淵源關係。〔附註,該文亦收入本書,第 13 ～22 頁。〕

〔註6〕 劉精盛:《詩經通釋》,長沙:湖南大學出版社,2008 年,第 20 頁。

〔註7〕 當然,有些時候,這是因爲著作的體例所限,我們無意苛責。這裡所要批評的,只是那些主觀上沒有意識到這一問題嚴重性的一部分學者。

〔註8〕 董治安:《〈詩·唐風〉五篇釋義》,《先秦文獻與先秦文學》,第 93 頁。

〔註9〕 王國維先生治學由哲學證入,其邏輯思維非常嚴密。這一點爲高亨先生所繼承。董先生作爲高亨先生的學術傳人,其治學亦繼承了高亨先生嚴密的邏輯思維。

之利用之。〔註10〕

　　高亨先生是學術界公認的訓詁大家，在先秦兩漢典籍的訓詁上有著世所公認的學術成就。董先生作爲高亨先生的學術傳人，雖然不以訓詁聞名，但是董先生的訓詁成就與貢獻也不容小覷，〔註11〕其典範意義值得我們學習，也值得我們發揚光大。這看起來是小事情，其實貫徹了董先生很重要的學術思想，這種學術思想不僅傳給了他的弟子，也傳給了他的再傳弟子。

　　另外，仍需點明，該文寫於四十餘年前，當時學術上「古史辨」的影響仍在繼續，而政治上的壓力也很大。「擺脫一切傳、箋、注、疏的束縛」的呼聲並未中斷，毛亨、鄭玄雖然不被稱爲「毛學究」、「鄭呆子」了，但常常受到並非完全屬於學術意義上的質疑。董先生能堅持學術角度去辨析，這在當時，不僅需要智慧，更需要勇氣。而董先生執著於學術研究的態度與精神，更是爲我們後輩學者樹立了榜樣。

四

　　董先生注《詩》，在對《詩篇》通篇分析中成功地處理了文學描寫與歷史背景的相互關係，頗值得我們學習與借鑒。

　　在傳世文獻中，《毛詩序》是最早揭示《詩經》的詩學語言背後的歷史背景的文獻。不過，《毛詩序》將《詩經》中的每一篇都與歷史中的某一人物、某一事件結合起來，所謂「一人之事繫之一國之本」，亦未必處處恰當。《毛詩序》就因此而受到「古史辨」派的猛烈攻擊，認爲是在「附會」歷史，他們因而要還原《詩經》爲「民歌」的本來面目。但是，越來越多的證據證明《詩經》並非民歌，至少《雅》、《頌》不是，《國風》中的絕大部分篇目也不是。即使眞如某些學者認爲的，《詩經》是民歌，我們也不能否定其中的篇目是在一定歷史背景下創作的。有些清儒已經意識到，《毛詩序》中有「作詩之義」和「用詩之義」的區分，這個見解是正確的。我們要考慮的是，

〔註10〕董治安：《〈詩・唐風〉五篇釋義》，《先秦文獻與先秦文學》，第89頁。

〔註11〕王國維先生在清華學校國學研究院任教的兩年時間裏，開設過《訓詁學》的課程，高亨先生親炙王國維先生門下，其訓詁學思想和訓詁實踐無疑受到了王國維先生的影響。董先生雖於訓詁理論未有專論，但是，董先生的訓詁實踐，實際上也繼承了由王國維先生到高亨先生的這一脈「學統」。另外，需要特別言明的是，董先生的先秦兩漢文獻訓詁實踐，是當代訓詁學和訓詁學史研究者所必須關注的內容。

《詩經》諸篇是在多大程度上再現歷史：是對某一歷史事件的真實再現，還是通過文本來折射某一事件，抑或僅僅是純粹的文學描寫。當然，這個問題在當下「文獻不足」的情況下，的確很難得出一個令人滿意的答案，而且很可能永遠也不會有答案。但是，我們可以肯定的是，建國初期的一些《詩經》譯注著作在處理這個問題上是有矛盾的。不少學者將《詩經》當作一部民歌總集來看，但即使是文學作品，即使是純粹的文學描寫，若將其歷史背景全然否定，在證據上也略顯無力。他們提供的證據是：從文本中看不出。可是，文學描寫畢竟不是實錄，文本中看不出的意思，也未必不能作為這首詩的言外之意。〔註12〕這樣輕易地否定《毛詩序》，是簡單粗暴的：我們能提供什麼樣的反證來證明《毛詩序》一定是不對的呢？

而在該文中，我們可以看出董先生較為成功地處理了這個問題。董先生對於《毛詩序》的說法給予了充分尊重。比如，在注《唐風‧揚之水》時，董先生據《左傳》和《古本竹書紀年》勾勒出晉公室與曲沃之間關係的發展過程，這就大致勾勒出本詩創作的背景，對於理解全詩非常有益。又如，在注《葛生》時，董先生根據《左傳》的相關記載，認為：

> 可見獻公確好攻戰，國人死行陣或被囚虜者自當多有，《毛序》所釋，不無一定的根據。但是，從詩文本身考察，只能肯定《葛生》是一首悼亡之作。這個亡者是否死於戰事？詩作者是否立意在諷刺晉獻公？都無法從詩中找到直接的解答。〔註13〕

董先生以其慣有的嚴謹學風，提出一些問題無法從詩文中直接找到答案，但也沒有一味懷疑《毛序》，反而首先就肯定其「不無一定根據」。這樣的分析，很平實，其結論無疑是可以接受的，也是頗具啟發性的。

五

著名學者董先生窮其畢生精力於先秦兩漢學術研究，是先秦兩漢文史研究大家，特別是在《詩經》學方面，貢獻尤多。現將董先生關於《詩經》學方面的成果列簡目如下：

〔註12〕 這個「言外之意」，與結構主義語言學所認為的語言的能指或聚合關係在一定程度上有相類之處，與現在的語用學中講的語言具有語用義亦有一定程度的相似。《周禮》和《毛詩序》都講「詩」有「六義」，其中的「興」其實可看成是傳世文獻中關於詩歌具有言外之意的最早表述。
〔註13〕 董治安：《〈詩‧唐風〉五篇釋義》，《先秦文獻與先秦文學》，第97頁。

《〈詩‧氓〉漫談》，《古代文學作品精選講析》，華東師範大學出版社，1989 年版。

《詩經鑒賞辭典》收《〈詩‧叔于田、大叔于田〉賞析》。（安徽文藝出版社 1990 年版）

《詩經楚辭鑒賞辭典》收《〈詩‧叔于田〉賞析》、《〈詩‧大叔于田〉賞析》、《〈詩‧清人〉賞析》（合撰）。（四川辭書出版社 1990 年版）

《先秦漢魏六朝詩鑒賞辭典》收《〈詩‧邶風‧谷風〉賞析》、《〈詩‧邶風‧式微〉賞析》、《〈詩‧鄭風‧叔于田〉賞析》、《〈詩‧鄭風‧大叔于田〉賞析》（合撰）。（三秦出版社 1990 年版）

《先秦文獻與先秦文學》收詩經學論文 6 篇：《〈詩經〉緒說》、《從〈左傳〉、〈國語〉看「詩三百」在春秋時期的流傳》、《關於戰國時期「詩三百」的流傳》、《戰國文獻論〈詩〉、引〈詩〉綜錄》、《〈詩‧唐風〉五篇釋義》、《漫談〈叔于田〉、〈大叔于田〉的誇飾特色》。（齊魯書社 1994 年版）

《兩漢文獻與兩漢文學》收詩經學論文 6 篇：《兩漢〈詩〉的承傳與〈詩〉學的演化——〈兩漢群經流傳概說〉之一》、《〈呂氏春秋〉之論詩引詩與戰國末期詩學的發展——兼論〈呂〉書引〈詩〉與漢四家詩的異同》、《兩漢〈詩〉學史札記三則》、《以〈詩〉觀賦與引〈詩〉入賦——兩漢〈詩〉學史札記之一》、《〈史記〉稱〈詩〉平議》、《〈史記〉稱〈詩〉綜錄》。（上海古籍出版社 2005 年版）

主編《詩經詞典》（王世舜副主編）。（山東教育出版社 1989 年版）

論文：《〈史記〉稱〈詩〉所表現的文學觀念和文化精神》，韓國詩經學會《詩經研究》第 2 輯，2000 年。

與夏傳才先生共同主編《詩經要籍集成》（學苑出版社 2002 年版）、《詩經要籍提要》（學苑出版社 2003 年版）。〔註14〕

董先生撰於 1999 年的一篇自傳性質的文章稱先秦兩漢《詩經》學史研究

〔註14〕 這個簡目，參考了王培元先生《董治安先生生平學術活動簡表》，該文亦收入《儒風道骨　君子氣象——董治安先生紀念文集》，濟南：齊魯書社，2013 年。

是他「近十年左右的學術活動」的一個主要方面。〔註15〕除此之外，夏傳才先生和董先生於 1993 年創辦中國詩經學會，並擔任學會副會長，積極推進海內外的《詩經》學研究，栽培了眾多從事《詩經》學研究的學者。

　　董先生是當代《詩經》學研究界的巨擘。而他在《詩經》學研究上卓著成就，正是建立在他早年注《詩》打下的堅實基礎之上的。董先生永遠離開了我們，可是，董先生在《詩經》學領域的治學路徑和學術思想卻永遠留給了我們去學習，去繼承，去發揚。

（本文由謝明仁師與筆者合撰，原刊於《儒風道骨　君子氣象——董治安先生紀念文集》，齊魯書社，2013 年。）

〔註15〕董治安：《我與先秦兩漢文史研究》，《兩漢文獻與兩漢文學》，上海：上海古籍出版社，2005 年，第 412～414 頁。

東洋文庫本《毛詩》殘卷補說

　　東洋文庫本《毛詩》殘卷，或稱岩崎文庫本，爲唐鈔本，存《唐風‧蟋蟀》至《鴇羽》七篇。卷末有狩野直喜跋。文中有小字旁注，或糾正原卷抄寫錯誤，或錄經文異文和經注文字的讀音。日本東洋文庫已將此卷圖片在網上公佈。王曉平先生曾撰寫《東洋文庫所藏唐鈔本〈毛詩殘卷〉考》一文（下簡稱「《殘卷考》」），用通行字體錄出殘卷中經注文字，並加以考釋、研究。〔註1〕王先生《日本現存詩經古寫本與當代詩經學》一文有該殘本的簡介〔註2〕，他又將《殘卷考》略作修改，成《東洋文庫藏唐抄本毛詩殘卷及釋錄》（下簡稱「《釋錄》」），收入《日藏詩經古寫本刻本彙編》第一輯第一冊〔註3〕，影印刊布，清晰度高，以廣流傳，貢獻獨多。惟王先生所校所論，偶有疏失，對狩野直喜之跋文亦未作全面介紹，故本文在王先生研究的基礎上，就題名、旁注小字、狩野直喜跋文三方面略作討論，以爲補充。至於經注文字方面的具體情況，擬撰寫專文另行考察。

一、關於題名

　　殘卷卷端題名有闕文，既有研究中，尚未能將其正確補出，而這進而又

〔註1〕　王曉平：《東洋文庫所藏唐鈔本〈毛詩殘卷〉考》，《中國詩學》第 11 輯，北京：人民文學出版社，2006 年，第 1～9 頁；又收入王曉平：《日本詩經學文獻考釋》，北京：中華書局，2012 年，第 34～49 頁。

〔註2〕　王曉平：《日本現存詩經古寫本與當代詩經學》，《社會科學戰線》，2012 年第 3 期，第 126～127 頁。

〔註3〕　王曉平主編：《日藏詩經古寫本刻本彙編》（第一輯）第 1 冊，北京：中華書局，2016 年，第 19～52 頁。

影響到殘卷的定名，故先爲之說。

（一）闕　文

殘卷卷端題名上殘，剩「訓傳第十」四字，「訓」上一字殘缺成「⬛」。《殘卷考》隸爲「故」，《釋錄》改隸爲「詁」。按：據殘字字形，右下爲「口」，則以「詁」字爲是。

殘「詁」字上又缺 2～3 字。《殘卷考》以爲：「第一行前所缺當爲『毛詩』二字。」〔註4〕《釋錄》亦持相同意見。按：篇題下題有「毛詩國風　鄭氏箋」，則上所缺之字必不得爲「毛詩」。考宋巾箱本《毛詩故訓傳》，各卷題均不作「毛詩詁訓傳卷×」，而是作「周南關雎詁訓傳第一」「召南鵲巢詁訓傳第二」等等；再考敦煌《毛詩》寫卷，S.1722 題「周南關雎故訓傳弟一」，P.2538 題「鄘柏舟故訓傳第三」，S.3300 題「節南山之什故訓傳第十九」等。則本殘卷此處所闕之字當爲「唐蟋蟀」三字，本卷卷端題名當作「唐蟋蟀詁訓傳第十」。

後世刻本，無論經注本還是注疏合刻本，本卷篇題皆作「唐蟋蟀詁訓傳第十」，或「唐蟋蟀故訓傳第十」。

（二）定　名

東洋文庫網站將此卷定名爲「毛詩　存第六唐蟋蟀詁訓伝第十」。王曉平先生的研究中，稱之爲「《毛詩》殘卷」，這是一個習慣性稱呼。而檢視原卷，其內容除《毛詩》經文外，小字雙行抄寫《毛傳》和《鄭箋》，若僅稱《毛詩》，則不能反映出殘卷全貌。參照敦煌文獻定名的通行規則，此卷宜定名爲《毛詩傳箋（唐風蟋蟀－鴇羽）》。

（三）卷端題名中的異文

1. 詁。《漢書・藝文志》著錄「《毛詩故訓傳》三十卷」，《釋文》作「故」，並有論曰：

> 舊本多作「故」，今或作「詁」，音古，又音故。……案：詁、故皆是古義，所以兩行。然前儒多作詁解，而章句有故言。郭景純注《爾雅》則作「釋詁」，樊、孫等《爾雅》本皆爲「釋故」。今宜隨本，不煩改字。〔註5〕

〔註4〕 王曉平：《日本詩經學文獻考釋》，北京：中華書局，2012 年，第 36 頁。
〔註5〕 （唐）陸德明：《經典釋文》，上海：上海古籍出版社，1985 年，第 203 頁。

阮元《校勘記》於「詁訓傳」條亦有說曰：

> 唐石經、小字本、相臺本同。案：此《正義》本也。《正義》云：
> 今定本作「故」。《釋文》本作「故」，云：「舊本多作『故』，今或作
> 『詁』。考《漢書・藝文志》作『故』，與《釋文》引舊本及樊、孫
> 等《爾雅》本，皆爲『釋故』合。當以《釋文》、定本爲長，《正義》
> 原書與經注別行，後來合併，實始於南宋紹興間三山黃唐所編匯。
> 此本又在其後，事載《左傳考文》。其所用經注本，非《正義》之經
> 注也，故經注與《正義》時有相牴牾者。而考以《集注》本、定本、
> 《釋文》本、唐石經本，亦有全然相合者也。乃彼時行世，別有此
> 本耳。茲條例其同異所自出，俾各有考也。〔註6〕

是該字本作「故」，而後來逐漸改爲「詁」，今所見刻本一般作「詁」。敦煌本
中「故」「詁」並存，當是過度時期的形態。本殘卷作「詁」，是其來源爲較
晚的版本。

　　2. 弟。《干祿字書・去聲》：「弟、第，次第字。上俗下正。」今次第字，
古作「弟」，後俗寫作「弟」，再由艹、卝混用而寫成「第」。卷中《杕杜》篇
兄弟字亦寫作「弟」，則此處正是過度形態，其正字當爲「弟」。

二、關於小字旁注

　　殘卷中有小字旁注共 83 條，其內容大致包括兩個方面：一是校改原卷
錯訛；二是節錄《釋文》，包括異文和注音，注音以反切爲主，偶有直音。
其中，有 2 條既有校改，也抄錄注音。在這 83 條小字旁注中，有 1 條天頭
之注殘字字體與原卷相合，可能是原卷書手所寫。其餘 82 條旁注字體風格
一致，只是書寫拙劣且隨意，與筆力遒勁之正文相差甚遠，疑爲某初學者所
寫。至於書寫位置不一，疑爲書寫便利，且非一時寫成所致。

（一）校改原卷錯訛

　　此類共有 28 條。其中，《蟋蟀》「日月其除」鄭《箋》「日月將適去」條
當是原卷抄手所寫，目的是校改正文抄寫錯誤，其他 27 條皆後人所寫，可
能是訓點時所爲。其書寫位置，或在天頭、地腳，或在上下二字之間，或在
所校改文字的右側，以右側居多。其內容，則是對原卷誤、奪之處，有所校

〔註6〕　（清）阮元：《十三經注疏校勘記》，《續修四庫全書》第 180 冊，上海：上海
　　　古籍出版社，2002 年，第 484 頁下。

補。王先生的研究中對此往往未加說明，直接錄出。今將其具體信息列表如下：

次序	篇目	條目	類別	內容	位置	校改	備註
1	蟋蟀	序	箋文	憂深思遠，謂「宛其死矣」「百歲之後」類也。	上下字間	「後類」之間補一「之」字	所補與刻本合
2	蟋蟀	日月其除	箋文	今不自樂，日月將適去。	天頭	一「辶」旁殘字依稀可見，疑爲「過」	字體與原卷同，疑抄手自改。敦煌本作「將過」；刻本作「且過」
3	蟋蟀	日月其除	箋文	謂十二月復命農夫計耦耕之事也。	右側	「月復」之間補一「當」字	所補與通行本合
4	蟋蟀	良士瞿瞿	箋文	瞿瞿然顧禮義也。	右側	「義也」二字間補一「兒」字	與《考文》古本合〔註7〕
5		序	箋文	封叙父桓叙於沃也。			
6	楊之水	白石鑿鑿	箋文	喻桓盛叙強。	右側	「叙」，皆校改爲「叔」	所改與刻本合
7		從子於沃	箋文	從桓叙也。			
8		云何不樂	箋文	謂桓叙也。			
9	楊之水	白石鄰鄰	傳文	鄰鄰，清徹之也。	右側	「也」，校改爲「兒」。	敦煌本、刻本皆作「清澈也」
10		序	傳文	叔聊，叔也。			
11	椒聊	序	箋文	叔之性芬香少實	右側	「叔」，校改爲「椒」	字別處未見，當訛。又，經文不誤。
12		遠條且	箋文	叔之氣日益遠長			
13		碩大無朋	經文	碩大無崩		「崩」，校改爲「朋」	
14	椒聊		箋文	無崩，平等不崩黨也。	右側		所改與刻本合
15	椒聊	蕃衍盈升	箋文	子孫眾多也，時日以盛也。	右側	「時」，校改爲「將」	所改與刻本合
16	椒聊	碩大無朋	箋文	無崩，平等不崩黨也。	右側	「等」，校改爲「均」	所改與刻本合

〔註7〕《考文》曰：「顧禮義也，也上有貌字。」見〔日〕山井鼎撰，物觀補遺：《七經孟子考文補遺》，北京：國家圖書館出版社，2016年，第185頁上。

17	綢繆	子兮子兮	傳文	子兮，嗟茲也。	上下字間	「兮嗟」間補一「者」字	所補與刻本合
18	杕杜	其葉湑湑	傳文	支葉不相近也	上下字間	「相近」間補一「比」字	所補與敦煌本同；《釋文》作比次；刻本作相比
19	杕杜	不如我同父	箋文	顧恩不如同姓親親也	右側	「恩不」間補一「儀」字	各本皆無「儀」字
20	羔裘	自我人居居	傳文	在位與民異心	右側	「與民」間補一「其」字	各本皆無「其」字
21	羔裘	自我人居居	傳文	懷怨不相親比之貌也	右側	「怨」，校改爲「惡」	所改與敦煌本同；刻本作悖惡
22	羔裘	惟子之故	箋文	卿大夫采色之民也	字上	「采」，加「艸」成「茱」字	所改與敦煌本合；刻本作采，爲本字
23	羔裘	惟子之故	箋文	卿大夫采色之民也	右側	「色」，校改爲「邑」	原卷顯誤，所改與各本合
24	羔裘	豈無他人	箋文	我不去而歸往他人者	右側	「不去」間補一「能」字	各本皆無「能」字
25	鴇羽	集于苞栩	傳文	苞，損也。〔註8〕	地腳	「損」，校改爲「槇」	所改與敦煌本合；刻本作積
26	鴇羽	集于苞栩	傳文	栩，杼也。	右側	「杼」，校改爲「柇」	所改誤
27	鴇羽	王事靡盬	經文	王事靡盬	右側	「盬」，校改爲「盬」	校改之字形未見
28	鴇羽	不能藝黍稷	箋文	藝，種也。	右側	「種」，校改爲「樹」	所改與各本合

　　原卷書寫較精，卻並不夠善，有些地方有錯誤。旁注中所作出的校改，絕大多數是正確的。雖然這些校改文字與後世刻本不盡相同，但有些地方與敦煌本相合，有些地方與《考文》所記古本相合，應當是有版本依據的。這一部分內容，也有一定的版本意義。旁注中有些校改是錯誤的，或許也有版本依據，這也需要引起注意。

　　此外還有一個值得注意的現象，對於我們瞭解《毛傳鄭箋》文本的流傳或許可以提供一些線索。第 10～12 條中，「椒聊」的「椒」字，經文不誤，末尾「《椒聊》二章，章六句」中字也不誤，而序文、箋文都誤寫成同一字形。

〔註8〕按：原卷作「損」，王曉平先生誤錄作「槇」。

經注之間有此差異，或許是沿襲經、注單行時的字形差異而來。至於末尾的「椒」字，其字形本當前面注文相同，這裡卻與經文相同，或許是其所據的文本中，書手已經據經文回改了。至於回改的具體時間，尚不得而知，可能與序文由經文末移到經文前有關。

（二）節錄《釋文》異文和讀音

此類共 57 條。其書寫位置，或在天頭、地腳，或在相關文字的右側，或在相關文字的右下方，以右下方居多。其內容，則是注音，或反切，或直音，偶有又音和異文，以反切為主。這與《經典釋文·毛詩音義》具有相同的特徵。將這一類小字旁注核以《經典釋文》，二者基本相同，只是數量上較《經典釋文》少，且多為注音，偶而錄出異文，略去釋義。應該說，這些內容的來源就是《經典釋文》，只是這裡是節錄《經典釋文》，並非全文照錄。王曉平先生的研究中，將其中大部分內容錄出，但仍有少數未予錄出，且未作考察。今亦將其具體信息列表如下：

次序	篇目	條目	類別	相關文字	內容	性質	位置	備註
1	蟋蟀	序	序文	蟋蟀	上音□□□〔悉，下所〕律□〔反〕	反切	天頭	闕文據《釋文》補
2	蟋蟀	歲聿其暮	經文	聿	允橘反	反切	天頭	與《釋文》同
3	蟋蟀	蟋蟀在堂	傳文	蛬	俱勇反	反切	天頭	與《釋文》同
4	蟋蟀	良士蹶蹶	傳文	蹶	俱衛反	反切	地腳	與《釋文》同
5	蟋蟀	日月其慆	經文	慆	吐刀反	反切	地腳	與《釋文》同
6	山有樞	序	序文	樞	本或作蓲，烏侯反	異文+反切	天頭	與《釋文》同
7	山有樞	序	序文	灑	所懈反	反切	天頭	與《釋文》同
8	山有樞	山有樞	傳文	莖	田節反，沈又直梨反	反切+又音	右側	與《釋文》同
9	山有樞	弗曳弗婁	經文	曳	□〔以〕世反	反切	右側	闕文據《釋文》補
10	山有樞	弗曳弗婁	經文	婁	力俱反	反切	右側	與《釋文》同
11	山有樞	菀其死矣	經文	菀	於阮反	反切	右側	與《釋文》同
12	山有樞	他人是愉	經文	愉	毛以朱反；鄭作偷，他侯反	反切+異文	右側	與《釋文》同
13	山有樞	山有栲	經文	栲	音考	直音	右側	與《釋文》同
14	山有樞	隰有杻	經文	杻	女九反	反切	右側	《釋文》作女久反

15	山有樞	山有栲	傳文	栲	勑書反，又他胡反	反切+又音	地腳	與《釋文》同
16	山有樞	隰有杻	傳文	杻	於力反	反切	地腳	與《釋文》同
17	山有樞	弗灑弗掃	傳文	灑	（毛）〔色〕蟹反，又所綺反	反切+又音	右側	與《釋文》同
18	山有樞	山有漆	經文	漆	音七	直音	右側	與《釋文》同
19	楊之水	序	序文	沃	烏毒反	反切	地腳	與《釋文》同
20	楊之水	白石鑿鑿	經文	鑿	子洛反	反切	右下	與《釋文》同
21	楊之水	楊之水	箋文	激	經歷反	反切	右下	與《釋文》同
22	楊之水	楊之水	箋文	湍	吐端反	反切	右下	與《釋文》同
23	楊之水	白石鑿鑿	箋文	洗	蘇禮反，又蘇典反	反切+又音	右下	與《釋文》同
24	楊之水	素衣朱襮	經文	襮	音博	直音	右下	與《釋文》同
25	楊之水	白石晧晧	經文	晧	古老反	反切	右下	與《釋文》同
26	楊之水	從子于鵠	經文	鵠	戶毒反	反切	右側	與《釋文》同
27	椒聊	序	序文	蕃	音煩	直音	右下	與《釋文》同
28	椒聊	椒聊且	經文	且	子餘反，下同	反切	右下	與《釋文》同
29	椒聊	蕃衍盈匊	經文	匊	本又作掬，九六反	異文+反切	右下	與《釋文》同
30	綢繆	序	序文	綢繆	上直留反，忘侯反〔註9〕	反切	右側	與《釋文》同
31	綢繆	三星在天	傳文	參	所金反	反切	右下	與《釋文》同
32	綢繆	三星在天	傳文	荔	楚俱反	反切	右下	與《釋文》同
33	綢繆	見此解觀	傳文	解	音蟹	直音	右下	與《釋文》異
34	綢繆	見此粲者	經文	粲	採旦反	反切	右下	與《釋文》同
35	杕杜	序	序文	杕	徒細反	反切	右下	與《釋文》同
36	杕杜	序	序文	並	必正反	反切	右下	《釋文》作必政反
37	杕杜	其葉湑湑	經文	湑	私敘反	反切	右下	與《釋文》同
38	杕杜	獨行踽踽	經文	踽	俱禹反	反切	右下	與《釋文》同
39	杕杜	胡不佽焉	經文	佽	七利反	反切	右下	與《釋文》同
40	杕杜	獨行睍睍	經文	睍	求營反	反切	右下	與《釋文》同
41	羔裘	序	序文	恤	荀律反	反切	地腳	與《釋文》同
42	羔裘	自我人居居	箋文	悖	補對反	反切	右下	與《釋文》同

〔註9〕按：原文「忘」上無「下」字，爲原文誤奪。王先生未作說明，直接補出所
奪之字。

43	羔裘	羔裘豹衰〔註10〕	經文	衰	徐救反	反切	右下	與《釋文》同
44	羔裘	自我人究究	經文	究	九又反	反切	右下	與《釋文》同
45	鴇羽	序	序文	鴇	音保	直音	右下	與《釋文》同
46	鴇羽	序	箋文	鄂	五各反	反切	右下	與《釋文》同
47	鴇羽	集于苞栩	經文	苞	補交反	反切	右下	與《釋文》同
48	鴇羽	集于苞栩	經文	栩	況羽反	反切	右下	與《釋文》同
49	鴇羽	集于苞栩	傳文	槇	之忍反	反切	地腳	與《釋文》同
50	鴇羽	集于苞栩	傳文	杼	食汝反	反切	右下	與《釋文》同
51	鴇羽	集于苞栩	箋文	迮	側伯反	反切	右下	《釋文》作側百反
52	鴇羽	集于苞栩	箋文	捆	苦本反〔註11〕	反切	右下	《釋文》作口本反
53	鴇羽	王事靡鹽	經文	鹽	音古	直音	右下	與《釋文》同
54	鴇羽	父母何怙	經文	怙	音戶	直音	右側	與《釋文》同
55	鴇羽	不能藝黍稷	箋文	罷	音□〔皮〕〔註12〕	直音	右下	闕文據《釋文》補
56	鴇羽	肅肅鴇行	經文	行	戶郎反	反切	右下	與《釋文》同
57	鴇羽	肅肅鴇行	傳文	翮	戶革反	反切	右下	與《釋文》同

這 57 條可能是訓點時候，讀者根據自身識字水平或閱讀需要而節錄的《經典釋文》中的注音。這些注音中，除 3 條原卷有闕文外，有 50 條與《釋文》相同，有 4 條與《釋文》不同。而這些不同之處，在《釋文》中其他地方，能到其反切的來源：《爾雅·釋木》篇《釋文》曰：「杻，女九反。呂、郭並汝九反。」《小雅·正月》篇《釋文》曰：「並其，必正反。《注》並制同。」《周頌·載芟》篇《釋文》曰：「載柞，側伯反。」《鄭風·丰》篇《釋文》曰：「捆，本亦作閫，苦本反。」〔註13〕而《毛詩傳箋（唐風蟋蟀－鴇羽）》與《釋文》中反切用字雖有不同，但若究其具體讀音，實則相同：杻

〔註10〕 按：衰，或爲衰聚字，或爲「褎」之俗字。此抄手誤寫，當作「褎」或「襃」。蓋此「褎」俗字字形與「褎」或「襃」近而誤認。

〔註11〕 按：「苦」，原文模糊，王先生錄作「古」。核以圖版，字形不合，「口」上有二橫劃，豎劃未出頭；音亦不對，捆爲溪母字，古爲見母字。字當作「苦」，苦爲溪母字。

〔註12〕 「皮」，原殘。王先生錄作「比」，以日語音同。罷爲並母字，比爲並母或幫母字。然細審殘存筆劃，字當從《經典釋文》作「皮」。皮爲並母字。

〔註13〕 （唐）陸德明：《經典釋文》，第 1680、309、402、252 頁。

《廣韻》女久切，而《集韻》女九切，久、九《廣韻》皆爲舉有切；正爲政的古字，二字於《廣韻》在勁韻；伯、百於《廣韻》在陌韻；苦、口皆溪母字。考《四庫全書》本《毛詩注疏》所附《釋文》，此處「杻」字反切爲「女九反」，與此處相同；另外幾處注音，在《釋文》中作爲其他同音字的注音出現過。由此可以推測，這 4 處與今本《經典釋文》的差異，較大的可能是《經典釋文》在流傳過程中產生的。

三、關於狩野直喜跋文

殘卷末有狩野直喜跋文二則，《日藏詩經古寫本刻本彙編》可能是限於體例，未予收錄。原文又收入日文版《支那學文藪》，該書由周先民先生譯出，改題《中國學文藪》，於 2011 年由中華書局出版，但未收錄此跋文。故不嫌其煩，將跋文移錄於下：

右舊鈔本《毛詩·唐風·蟋蟀》至《鴇羽》，凡壹百十三行，字體雅道，其爲奈良朝人士手寫無疑。今校以唐石經、宋小字本、相臺本，異同甚多，不遑枚舉。與《七經孟子考文》所引古本互相對勘，亦有合有不合。今不縷載，試發數端：

《揚之水》「白石皓皓」，此作「晧晧」，《毛傳》亦同。案：唐石經初刻作「皓」，後改磨作「晧」；宋以後各本則無一作「晧」者。不知《說文》所錄，從日，不從白。《廣韻·三十二晧》又作「晧」，不作「皓」。顧廣圻因謂《釋文》當本作「晧」。此本一出，足以證顧說之正。

《綢繆》「今夕何夕，見此邂逅」，此作「解覯」，《毛傳》亦同。案：《釋文》「邂」亦作「解」，「逅」又作「覯」。陳奐云：「《說文》無『邂』字，『邂逅』當依《釋文》作『解覯』。」陳說正與此本合。

《杕杜》「獨行睘睘」，此作「煢煢」。案：《釋文》：「睘，本作煢，又作惸，求營反。」《文選》張衡《思玄賦》注、陸雲《贈婦詩》注引亦作「煢煢」。乃知此本所據，即《釋文》所謂「一本」，授受淵源，其可考見。

凡此三條，經文之不同各本者也。

《山有樞》「且以永日」，《毛傳》：「永，引也。」此作「永，長也」。案：《毛傳》於《卷耳》《漢廣》《常棣》《文王》，均以「長」

訓「永」，此獨不然，頗爲可怪。據《正義》云：「且可以永長此日，何故弗爲乎？言永日者，人而無事，則長日難度；若飲食作樂，則忘憂愁，可以永長此日。」是知《正義》本《毛傳》亦作「永，長也」，故連綴二字而爲解耳。施之「引」字，無當矣。

「宛其死矣，他人入室」，各本無《毛傳》，而此獨有「室，家。入室，居其位也」八字，是殆不可解。案：《正義》此一段寥寥數語，或沖遠所據原無《毛傳》，後世因《正義》本盛行，他本亦并《傳》文而脫略之歟？

《綢繆》「子兮子兮，如此良人何」，《箋》云：「子兮子兮者，斥嫁取者。」（取，同娶。）此本無「嫁」字。（慶長活字本亦無。）案：經但刺取者，不刺嫁者，故《箋》下文云「子取後陰陽交會之月」也。《正義》亦無嫁取者俱刺之說。蓋「嫁」字，後世淺人所妄加。此本無之，於義爲長。

《羔裘》「羔裘豹袪」，《毛傳》：「袪，袂也。」此本「袂」下多一「末」字。案：《釋文》「袪」下云：「袂末也。」《正義》云：「此解直云『袪，袂』，《定本》云『袪，袂末』，與《禮》合。」是知此本作「袂末」，與《釋文》《定本》同，而與《正義》本異。案：《春秋內、外傳》，「晉侯使寺人披伐蒲，重耳逾垣而走。披斬其袪。」杜預、韋昭亦均解「袪」爲「袂」。然此時重耳見披至，倉皇以身而遁，故披唯得斬其袂末而已。「斬袪」二字，極形容危機一髮之狀，可見此本所解，不但與《禮》合。

凡此四條，《傳》《箋》之不同各本者也。

夫隋唐古經傳之存於我者，固爲不少，即若足利之藏，其資助考鏡，裨益學術，世所共知。然以此比彼，長短互見，而竟不如此本之佳，豈唯千歲古香，輝光藝圃已哉！

此本舊藏山城鳴瀧常樂院，今歸東京和田氏。頃者，借得影印數部，以餉同好。及還之，爲錄考語，以明此本之可貴在其因發揮經義，未得與夫錦繡珠玉僅喜人目者同列而論焉。

大正九年五月　狩野直喜記

子已跋此書，思《燉煌遺書》中亦有《毛詩》殘卷，（原本今藏

法國巴黎國民圖書館），試取對校，若《綢繆》經文「邂逅」作「解
覯」，《羔裘》毛《傳》「袪，袂也」作「袪，袂末也」，《綢繆》鄭《箋》
「斥嫁娶者」無「嫁」字，兩書正同。可見唐時鈔本往往如此。《遺
書》本字體拙陋，類童蒙所寫，訛奪互見，年代亦稍後於此書，而
長處竟不可沒。蓋是仍唐人鈔寫，勝於宋以後刻本萬萬矣。直喜又
記。

大正九年即公元 1920 年。狩野直喜將此卷與唐石經、宋小字本、相臺
本、敦煌本及《七經孟子考文》所引古本對勘，並參照《經典釋文》，列出
經文與各本不同者三條、注文與各本不同者四條，以闡明此卷價值。但是，
此跋文中所論有值得商榷之處，下面逐條對狩野直喜跋文略作考察。

1. 《揚之水》「白石皓皓」。敦煌本作「浩浩」，通行本皆作「皓皓」。
按：吳主孫晧，或作皓，是二字常混。《經典釋文》有「皓皓」一條，而《說
文》《廣韻》皆有「晧」無「皓」，則經文本作「晧」無疑。段玉裁《說文解
字注》「晧」下曰：「引申爲凡白之偁，又改其字從白作皓矣。」〔註 14〕王
筠《說文句讀》「晧」下曰：「《釋詁》『晧，光也』，當爲許君所本，字俗作
皓。」〔註 15〕是字本作「晧」，後俗寫成「皓」。後世刻本棄正字而用俗字。

2. 《綢繆》「見此解覯」，敦煌本同，通行本皆作「邂逅」。按：「邂逅」
爲連綿詞，有定音而無定形，或作「解覯」，或作「邂遘」，或作「邂覯」等。
跋文引陳奐之論，以證成其說，甚是。只是，「解覯」「邂逅」產生並無時代
先後之分。經文用字，有一些《說文》未收，因此不能執《說文》之有無而
強分時代先後。

3. 《杕杜》「獨行睘睘」，經文作「睘」，而傳文作「罤」，是「睘」字誤
寫。敦煌本作「嬛」，通行本作「睘」。據《經典釋文》，則此處經傳文字皆有
依據，但一般同一版本中，往往用字是統一的。而此處經傳文字相異，則應
引起注意。這或許與前文所述「椒」字經傳不同相類，是經傳來源不同所致；
或許是書寫往往隨意性較大所致。

4. 《山有樞》「且以永日」，《毛傳》：「永，長也。」敦煌本、刻本皆作
「永，引也。」按：引、長可互訓，《爾雅·釋詁》：「引，長也。」長，指

〔註14〕 （清）段玉裁撰，許惟賢整理：《說文解字注》，南京：鳳凰出版社，2015 年，
　　　　 第 534 頁。
〔註15〕 （清）王筠：《說文解字句讀》，北京：中華書局，1988 年，第 245 頁下。

時間、距離之長，引申爲延長；引則由延長之義，引申爲長。《卷耳》「維以不永懷」、《漢廣》「江之永矣」、《常棣》「況也永歎」、《文王》「永言配命」，《毛傳》皆訓永爲長，指時間之長，是形容詞。而「永日」則不同，「永」，不是指長，而是使動詞，指延長。作「引」者不誤，蓋毛公有此區分。殘卷作「長」者，或許是有來源的，但應當是錯誤的。狩野直喜據疏文「永長」一詞斷傳文當以作「長」爲長，實誤。這也提示我們，對於傳世本不可輕易否定。

5.「室，家。入室，居其位也」八字，各本皆無。按：狩野直喜說此處《疏文》寥寥數語，實則疏文已經標明「《傳》『君子』至『於側』」，起訖分明，此傳並無疏文。敦煌本亦無此八字，則文字脫漏，由來已久。而此文必有其來源。又按：《釋錄》引此文，標點作「室家，入室居其位也。」誤。「室」「入室」皆爲經文，其下之字皆爲經文之解釋。

6. 《綢繆》「子兮子兮」鄭《箋》「斥娶者也」，敦煌本同。按：跋文所說甚是。只是，《考文》古本已有「嫁」字，則此訛誤由來已久矣。

7. 《羔裘》「羔裘豹袪」，《毛傳》「袪末也」，敦煌本同，刻本作「袪也」。按：《說文》：「袪，衣袂也。」「褎，袂也。」「袂，褎也。」《左傳·僖公五年》和《國語·晉語》皆有「斬其袪」之文，杜預、韋昭皆注曰：「袪，袂也。」《說文》之「衣」字，馬敘倫以爲，「『衣』字當涉上文『褎』字說解而誤羨」〔註16〕，甚是；但說當作「袂末」則容有可商。段玉裁《說文解字注》曰：

> 《鄭風·遵大路》《唐風·羔裘》傳皆曰：「袪，袂也。」按，袪有與袂析言之者：《深衣》注曰：「袪，袂口也。」《喪服記》注曰：「袪，袖口也。」《檀弓》注曰：「袪，袖緣口也。」《深衣》《喪服》且袂與袪並言，蓋袂上下徑二尺二寸，至袪則上下徑尺二寸，其義當分別也。若《詩》之兩言袪，則無庸分別。定本《唐風》傳曰：「袪，袂末也。」此非是。傳下文言「本末」，本謂羔裘，末謂豹袖，非謂袪本、袂末也。〔註17〕

段說是。此處義爲袖口，文當爲「袂」，不必爲「袂末」。今人說袖口，也往往只說袖子。《正義》不從《釋文》和《定本》，觀點是明顯的：「袂與袪

〔註16〕馬敘倫：《說文解字六書疏證》第4冊，上海：上海書店，1985年，第104頁。
〔註17〕（清）段玉裁撰，許惟賢整理：《說文解字注》，第686頁上。

別，此以袪袂爲一者，袂是袖之大名，袪是袖頭小稱，其通皆爲袂。」〔註18〕
由此可知，作「袂末」者，或許是六朝時期淺人妄改，不足爲據。

（本文原刊於《漢學研究》總第 24 集學苑出版社，2018 年，收入時略有修訂）

補記：

　　承張永年博士於 2018 年 6 月 14 日見告，方知陳雲豪博士撰《日藏〈毛
詩詁訓傳・唐風〉殘卷研究》一文，刊發於《殷都學刊》，2012 年第 4 期。陳
文已將狩野直喜跋文錄出，惟「室，家。入室，居其位也。」標點有誤。陳
雲豪博士文中雖未明言卷端題名，但已注意到「刊本、敦煌本、經注本作『唐
蟋蟀詁訓傳第十』」，則此發明權當屬陳雲豪博士。又，張永平博士撰《日藏
唐〈毛詩・唐風〉寫本與宋、清三種刻本互校舉、隅十例》，刊發於《河北師
範大學學報哲學社會科學版》，2018 年第 3 期，亦於此卷有所發明。同一文獻，
稱名不一，尤可見本文定名工作的重要性。

2018 年 6 月 16 日

〔註18〕　（漢）鄭玄箋，（唐）孔穎達正義，朱傑人、李慧玲整理：《毛詩注疏》，上海：
　　　　　上海古籍出版社，2013 年，第 559 頁。

二、文字音韻訓詁校勘篇

眄、盼、眅互訛瑣談

　　眄，從丐得聲，上古爲匣母支部字，《廣韻》胡計切，中古爲匣母蟹攝；盼，從分得聲，上古爲滂母文部字，《廣韻》匹莧切，中古爲滂母山攝。從聲韻角度來看，二字並無通假之理。但在典籍中，這二字常常混用，以致《漢語大詞典》認爲二字通假，這其實是錯誤的；而《漢語大字典》認爲眄有 pǎn 音，也是錯誤的。我們只能認爲這二字是因俗寫互訛。此外，還有個「眅」字，也經常和「盼」、「眄」互混。而在這三字的互訛過程中，俗字「眅」字的出現是一個重要環節。

一、典籍中的眄、盼相混現象

　　在傳世文獻中，眄、盼二字互訛的現象比較常見，最顯著的例子就是《詩經》和《論語》所引《詩經》中的「巧笑倩兮，美目盼兮」中的「盼」，《經典釋文》和《十三經注疏》均誤以爲「眄」。

　　此句原文出自《詩經・衛風・碩人》。「盼」字，阮元刻《十三經注疏》引了《經典釋文》的這段話，惟徐邈音「敷諫反」，「敷」字作「膚」。〔註1〕阮元校勘記作：「小字本、相臺本同。閩本、明監本同。唐石經『眄』作『盼』，毛本同。案盼字是也」。〔註2〕通志堂本《經典釋文・毛詩音義》作「眄」，並注「敷莧反，白黑分也。徐又敷諫反，《韓詩》云『黑色也』，《字林》云『美目也』，匹間反，又匹莧反。」黃焯校曰：「宋本同，唐寫本及石經作

〔註1〕（清）阮元校刻：《十三經注疏（附校勘記)》，北京：中華書局，1980年，第322頁。
〔註2〕（清）阮元校刻：《十三經注疏（附校勘記)》，第324頁。

『盼』，是也。」〔註3〕

　　《論語・八佾》引《詩》：「巧笑倩兮，美目盼兮，素以爲絢兮。」阮元刻《十三經注疏・論語注疏》「盼」作「盼」，阮元校勘記曰：「唐石經、閩本、北監本同。毛本『盼』作『盼』，下並同。案《說文》『盼』，《詩》曰：『美目盼兮』，從目，分聲。『盼』，恨視也，從目，兮聲。音義迥別，毛本改從分，是。」〔註4〕此爲「盼」當作「盼」之內證。通志堂本《經典釋文・論語音義》「盼兮」下注曰：「普莧反，動目貌，《字林》云：『美目也。』又匹簡反，又匹莧反。」黃焯校曰：「『盼』，宋本、蜀本、正平本同。盧本改作『盼』。」〔註5〕

　　以上兩處，《經典釋文》和《十三經注疏》之「盼」，阮元校勘記引《說文》作外證，再加上一些版本上的證明，認爲當作「盼」。黃焯校記也認爲「盼」字是。而阮刻《論語注疏》在原文下有小字注「馬曰：『倩，笑貌；盼，動目貌。』」〔註6〕正可作爲「盼」當作「盼」的內證。而從音韻角度考慮，倩盼絢三字相押，也是沒有問題的。三字上古分別屬耕部、文部、眞部，耕文眞三部可通押，《周頌・烈文》以人、訓、刑爲韻，是其比。

　　下文再列舉二字互混的幾例：（1）高亨先生《古字通假會典》「紛與盼」條引《史記・司馬相如列傳》「瞋盼軋沕」，「繽與盼」條則引《史記・司馬相如列傳》作「瞋盼軋沕」。〔註7〕（2）劉勰《文心雕龍・情采》：「夫鉛黛所以飾容，而盼倩生於淑姿。」楊明照《增訂文心雕龍校注》校曰：「『盼』，元本、弘治本、汪本、張本、兩京本、何本、梅本、凌本、梁本、秘書本、謝鈔本、彙編本、別解本、清謹軒本、尙古本、岡本、張松孫本、崇文本作『盼』；詩紀別集一、文儷、四六法海同。按『盼』字非是。」〔註8〕（3）鍾嶸《詩品・序》：「女有揚娥入寵，再盼傾國。」曹旭先生集注《詩品》，盡搜自元至民國《詩品》版本50種，含日本2種。曹先生《詩品集注》於

〔註3〕（唐）陸德明撰，黃焯匯校：《經典釋文匯校》，北京：中華書局，2006年，第141頁。

〔註4〕（清）阮元校刻：《十三經注疏（附校勘記）》，第2469頁。

〔註5〕（唐）陸德明撰，黃焯匯校：《經典釋文匯校》，第697頁。

〔註6〕（清）阮元校刻：《十三經注疏（附校勘記）》，第2466頁。

〔註7〕高亨纂著，董治安整理：《古字通假會典》，濟南：齊魯書社，1989年，第143、153頁。

〔註8〕（唐）黃叔琳注，李詳補注，楊明照校注拾遺：《增訂文心雕龍校注》，北京：中華書局，2000年，第420頁。

此處出校記謂：「再盻傾國，『盻』，《津逮》、《詩話》、《紫藤》、《硯北》、《龍威》、《集成》、《談藝》、《全梁文》、《大觀》諸本並作『盼』。」〔註9〕其中「盻」、「盼」並存，正是二字互混的明證。

　　而在敦煌寫卷中，二字相混也已出現。黃徵先生《敦煌俗字典》說：「由於『盻』、『盼』二字形近易亂，故典籍中傳抄、翻刻多有錯謬者。」〔註10〕徐時儀先生《〈一切經音義〉俗字考》說：「玄應和慧琳所釋反應了漢唐時期佛經翻譯傳抄中眄、盻、盼三字相互混用現象。」〔註11〕由此可見，盻、盼二字混用已久。

二、關於盻、盼以及眄相混的辨析

　　對盻、盼、眄三字互混的問題，前揭徐先生文章中，已言及宋王觀國《學林》卷十和郭在貽《訓詁學》中有論。曾良《俗字及古籍文字通例研究》亦對此三字互混有所關注，並舉出大量例證。〔註12〕此外，古人在一些筆記資料和辭書中已有辨正，如：俞樾《茶香室四鈔》卷十四「眄盼盻三字」中引元人吾衍《閒居錄》語：「宋儒不識顧眄字，皆讀為『美目盼兮』之盼；又不識盼字，寫作『使民盻盻然』之盻；又不識此盻字，而讀為盼。今詳之曰：從丏（引者按，當作丏）者音湎；從分者音攀，去聲；從兮者音異。」並下按語：「三字分別甚明。」〔註13〕《康熙字典》「盻」字條引《字彙》：「盻字，乃盻痕之盻。今人混作盼睞之盼，非。」「盼」字條說：「按《說文》：盼、盻、眄音義各別。《韻補》盼一作眄。《舉要》盼同盻，並非。」〔註14〕

　　另外，《辭源》也說：「盼、眄、盻三字形近，多互訛。參閱段玉裁《說文解字注》、俞樾《茶香室叢鈔》十四《眄盼盻》。」〔註15〕而今人熊良智《從〈辭源〉「盻」、「盼」音義釋讀說起》一文對此亦有辨析。該文認為：「『盻』與『盼』是音義迥別的兩個字，《詩經》中由於『盻』與『盼』的字形相近

〔註9〕 曹旭：《詩品集注》，上海：上海古籍出版社，1994年，第49頁。

〔註10〕 黃徵：《敦煌俗字典》，上海：上海教育出版社，2005年，第444頁。

〔註11〕 徐時儀：《〈一切經音義〉俗字考》，《中國文字研究》第十二輯，鄭州：大象出版社，2009年，第113頁。

〔註12〕 曾良：《俗字及古籍文字通例研究》，北京：百花洲文藝出版社，2006年，第146、231頁。

〔註13〕 俞樾：《茶香室叢鈔》，北京：中華書局，1995：1700。

〔註14〕 （清）張玉書等編：《康熙字典》（標點整理本），上海：漢語大詞典出版社，2002年，第758、758頁。

〔註15〕 《辭源》（修訂本）第1冊，北京：商務印書館，1979年，第2207頁。

造成錯訛，導致後世二字混淆。」「然而，《詩經》陸德明所注『盼』字，乃是『盻』字之誤，所引《字林》也是『盻』字，而不是『盼』字。《字林考逸》引『盻，美目也，匹間反』，正是《字林》原文。所以陸德明《經典釋文》不足爲據，而《集韻》產韻『盼』的音讀，也可以肯定是錯訛所致的誤讀。」〔註16〕

拙文《朱熹〈詩集傳〉校勘札記二則》則提出另一種意見：「盻」是「盼」的俗字，而這個字卻被人們誤認作「盼」的俗字，而導致二字常混。〔註17〕

以上諸家所論，均認爲盼、盻二字有所區別，當是形近致訛，而非通借。熊良智之文則最爲詳細地點明了《漢語大字典》誤釋「盻」字，是因爲陸德明《經典釋文》之誤和《集韻》之錯訛。而前文所引黃焯先生的校語說，陸德明《經典釋文》之宋本雖作「盼」，而唐寫本和石經均作「盻」，這就說明《經典釋文》本身不誤，是宋代刻本中才出現的錯誤。而事實上，我們對《集韻》諸本加以考察，也可看出，《集韻》本身的「盻」字並無錯訛，將《漢語大字典》之誤釋完全歸咎於《集韻》，也是有待商榷的。

三、《集韻》中的「盻」

丁度所編《集韻》現存的三個較好的版本均已有影本問世，一是上海古籍出版社 1985 年影印出版的述古堂影宋鈔本《集韻》，二是中華書局 1989 年影印出版的《宋刻集韻》，三是線裝書局 2001 年影印出版的日本宮內廳書陵部藏宋金州軍本《集韻》殘本。《漢語大字典》所據《集韻》爲上海古籍出版社影本。〔註18〕據該書索引，「盻」字於《集韻》中五見：（1）上聲薺韻吾禮切：「盻盻，勤苦不休兒，一曰恨視。」（2）上聲產韻匹限切：「動目也，一曰美目兒。」（3）去聲霽韻胡計切：「《說文》：『恨視也。』」（4）去聲霽韻研計切：「恨視。」（5）去聲襇韻普莧切：「《說文》引《詩》『美目盼兮』，或作『盻』。」而且此處，「盻」字之上還有個「盼」字。〔註19〕而我們核以中華

〔註16〕熊良智：《從〈辭源〉「盻」、「盼」音義釋讀說起》，《辭書研究》，2005 年第 3 期，第 195、195～196 頁。

〔註17〕陳才：《朱熹〈詩集傳〉校勘札記二則》，《詩經研究叢刊》第 17 輯，北京：學苑出版社，2009 年，第 383 頁。

〔註18〕徐中舒主編：《漢語大字典》（縮印本），武漢：湖北辭書出版社、成都：四川辭書出版社，1986 年。

〔註19〕（宋）丁度等編：《集韻》（影述古堂影宋鈔本），上海：上海古籍出版社，1985 年，第 344、375、506、508、563 頁。

書局影印出版的《宋刻集韻》，其第（2）處、第（4）處完全相同，第（1）
處、第（3）處的「盻」字寫作「盼」，而第（5）處的「盻」字寫作「眄」，
後面為：「《說文》引《詩》『美目盼兮』，或作『盻』。」〔註20〕線裝書局影日
本藏宋金州本《集韻》殘本與中華書局影宋本同。〔註21〕

　　以上第（1）處的「盼盼」，見於《孟子》：「為民父母，使民盼盼然。」
在俗字中，將一筆分開成兩筆來寫的斷筆現象較為習見，所以中華書局影宋
湖南刻本作「盼」，可看作是「盻」的俗字。但第（3）、（4）處同屬霽韻，「盻」
不當兩收，「盼」和「盻」又宜看成兩個字。可見，此處《集韻》自身也有矛
盾之處。本來，《集韻》收字務求完備，出現誤收的現象也難免。而本來，《廣
韻》中的「盻」，只有去聲霽韻五計切、下戾切和胡計切三個音，這裡的（1）、
（2）、（5）這三個音都是《集韻》新增。而第（5）處，則當是不同版本之間
的差異，而並非《集韻》本身的錯誤。我們當以金州軍本和湖南刻本為準，
而述古堂影宋鈔本則是誤讀了底本，傳抄致訛。

　　從線裝書局影宋金州軍本《集韻》和中華書局影宋湖南刻本《宋本集韻》
來看，上面第（5）處去聲禡韻普莧切中，「眄盻」並列，是《集韻》本來以
「眄」為「盻」的俗字；而上海古籍出版社影述古堂影宋鈔本《集韻》誤將「眄」
認作「盼」的俗字了，才會轉抄成「盼盻」。本來，草書中有把「分」寫成「多」
（王羲之）、「分」（唐太宗）、「ら」（趙孟俯）的，把「兮」寫成「ろ」（鮮
于樞）、「ろ」（《韻會》）的〔註22〕，二字字形相近，容易混淆。黃徵先生《敦
煌俗字典》中，收「分」字有一俗字作「兮」，〔註23〕其字形正同「兮」。而
「分」下面的「刀」，在俗字中亦多有首筆加撇作「勹」的字形，也可說明這
一點。所以，在書寫時，「盼」字及其俗字「眄」，都很容易和「盻」字相混，
而述古堂影宋鈔本《集韻》，正是由此致誤。

四、「眄」作為「盻」和「盼」的俗字

　　曾良《「盼望」、「彊場」俗變探討》一文例舉了隋唐時期的不少證據，

〔註20〕（宋）丁度等編：《宋刻集韻》（影本），北京：中華書局，1989 年，第 108
　　　　頁下、145 頁上、100 頁上、145 頁上、160 頁下。
〔註21〕（宋）丁度等編：《集韻》（影宋金州軍本），北京：線裝書局，2001 年，第
　　　　159、176、248、248、279 頁。
〔註22〕劉風、劉甫豐編：《草書查真大字典》，長沙：湖南教育出版社，1990 年。
〔註23〕黃徵：《敦煌俗字典》，第 110 頁。

證明「盻」是眄的俗字。〔註24〕其說甚是。但是，這只是說明隋唐時期的情況，我們並不能因此就否定「盻」在宋代時可以作為「盼」的俗字。而實際上，在前文中，我們已根據線裝書局影宋金州軍本《集韻》和中華書局影宋湖南刻本《宋本集韻》，認定「盻」為「盼」的俗字。這兩個宋本，即可說明，宋代時期「盻」可作為「盼」的俗字。此外，我們至少還可以提供以下例證：《四部叢刊》影宋巾箱本《毛詩》「美目盼兮」之「盼」寫作「盻」，〔註25〕而《四部叢刊》本《論語》的「盼兮」寫作「盻兮」，〔註26〕我們將這二字對照，則更加明顯地說明，「盻」是「盼」的俗字。宋本《廣韻》三十一襇韻下有「盻，美目，匹莧切。」〔註27〕此字形在《廣韻》中僅出現這一次，我們也當以為是「盼」而不是「眄」和「盻」，因為「匹莧切」是盼的反切音，而不是眄的反切音。

在我之前，認為「盻」是「盼」的俗字的，至少還有秦公《碑別字新編》和《中華字海》。《碑別字新編》「盼」字條錄此字的三個俗字：「盻，齊董洪達造像；盼，齊比丘惠瑑造像；肦，隋王氏成公墓誌。」〔註28〕《中華字海》則襲用秦公的意見：「盻，同『盼』，字見齊《董洪達造像》。」〔註29〕當然，我懷疑，這些字形，也當作「眄」的俗字，而非「盼」的俗字。

此外，也有不同看法的，比如，《宋元以來俗字譜》以「盻」為「盼」的俗字〔註30〕。黃徵先生的《敦煌俗字典》收「盼」的俗字有「盻」、「盼」、「肦」和「盻」，卻未收「盼」的俗字。〔註31〕準以曾良的結論，其實這四個字都應當是「眄」的俗字。《敦煌俗字典》收「眄」的俗字作「盻」。曾良認為：「因『丂』旁俗寫往往在上增加兩點，如『巧』字俗作『玛』，

〔註24〕 曾良：〈「盼望」、「疆場」俗變探討〉，《中國語文》，2008 年第 2 期，第 180～182 頁。

〔註25〕 不題撰人：《十三經》（影《四部叢刊》初編初印本），上海：上海書店出版社，1997 年，第 180 頁上。

〔註26〕 不題撰人：《十三經》（影《四部叢刊》初編初印本），第 1407 頁下。

〔註27〕 （宋）陳彭年等編：《宋本廣韻·永祿本韻鏡》（第 2 版），南京：江蘇教育出版社，2005 年，第 117 頁下。

〔註28〕 秦公輯：《碑別字新編》，北京：文物出版社，1985 年，第 99 頁。

〔註29〕 冷玉龍、韋一心主編：《中華字海》，北京：中華書局，北京：中國友誼出版公司，2000 年，第 1048 頁。

〔註30〕 劉復、李家瑞編：《宋元以來俗字譜》，北平：中央研究院歷史語言研究所刊，1930 年，第 56 頁。

〔註31〕 黃徵：《敦煌俗字典》，上海：上海教育出版社，2005 年，第 443～444 頁。

是其例……這樣『盻』就類推變成了『眄』。」〔註 32〕此說良是。《敦煌俗字典》收一俗字「麩」，黃徵先生認爲是「麵」的俗字，不確，當是其異體字「麨」的俗字。此是「丐」字俗字的又一例。「眄」與「盻」、「盼」當同，只是左邊部件省筆，右邊部件增筆而已；而「盼」則是「盻」的增筆俗字；所以都應該看作是「眄」的俗字。

我們再來分析下黃先生的例證。黃先生於「盻」字下舉例爲 S.6841 號的「不得左顧右盻，更相前卻。」並加按語說：「『顧眄』、『顧盼』、『顧盻』三詞，語音雖異，形義則同，不得復以《說文解字》爲限矣。」《敦煌俗字典》還認爲：「『盻』字實際上早已超越『恨視』之意義限定，引申而泛指一般之觀看。例如晉阮籍《詠懷》詩：『流盻發姿媚，言笑吐芬芳。』」實際，此處的「流盻」，《玉臺新詠》和《藝文類聚》都作「眄」。〔註 33〕此正可以作爲曾良觀點的補證。黃先生於「盼」字下例舉 P.3833《王梵志詩》：「眾生眼盼盼，心路甚堂堂。一種憐男女，一種逐耶娘。一種惜生命，一種憂死亡。」《敦煌俗字典》於前頁已舉此例，並認爲他人有錄作「眼盼盼」者不確。前文已說，黃先生以「盼」爲「盻」之俗字，是不正確的，當認爲此字是「眄」的俗字。此字下例舉「水裏之人眼盼盼，岸頭之者淚涓涓。」涓與眄協韻，與盻不諧。在今天的江淮方言洪巢片，存「眼盼盼」一詞，有炯炯有神地凝視或者因不知所措而盯著看、茫然而視之正反兩義，或即同曾良所論「盼望」一詞俗變相類，因「眼眄眄」而俗變成「眼盼盼」。

通過以上分析，我們可以知道，「眄」在隋唐時期，是作爲「盼」的俗字的；而宋代，則又可以作「盼」的俗字了。而《宋元以來俗字譜》所收俗字時代較後，應該是在「眄」已經被訛作「盼」的基礎上產生的，所以也不能影響我們的結論。

五、餘論：由「盻」看盻、盼、眄的互訛

在上文分析的基礎上，我們有理由作出這樣的一個推測：「盼」、「眄」二字互混，很可能就是因爲宋人誤認了隋唐時期的俗字「眄」。他們誤以爲隋唐時期的「眄」和宋代一樣，也是「盼」的俗字，把隋唐的「眄」就誤認作「盼」了。

〔註 32〕 曾良：〈「盼望」、「疆場」俗變探討〉，《中國語文》，2008 年第 2 期，第 180 頁。

〔註 33〕 逯欽立輯校：《先秦漢魏晉南北朝詩》，北京：中華書局，1983 年，第 499 頁。

按理來說，「盼」字右邊部件為「分」，而「分」的俗字一般又寫作「亐」，那麼「盼」是完全可以寫作「盼」的。所以，在宋代以後，作為「盼」的俗字的「盼」，在典籍傳抄過程中，卻被誤認作「盼」的俗字，從而導致盼、盼互訛；而前代作為「眄」的俗字的「盼」，在這個時期也同樣被誤認作「盼」的俗字，從而導致盼、眄互訛。

文末，還需特別說明，在漢語史和文字學領域，字音、字義都有一定的歷史語言層，這已是共識。但是，字形方面是否也有一定歷史語言層，則尚鮮有談及。〔註34〕「盼」字在不同時期作為不同字的俗字，這在字形的歷史層次方面是否僅僅只是一個特例，似乎有深入關注和研究的必要。

（本文原刊於《中國文字研究》第 18 輯，上海書店出版社，2013 年）

〔註34〕承吾友但誠君見告，陳煒湛已經提出甲骨文中「月」、「夕」二字均可寫作 ☽、☽ 兩種字形，而這兩字在早中晚期卻有著不同的變化，最後才定型成 ☽ 為夕、☽ 為月，這極具啟發性。（見陳煒湛：《甲骨文簡論》，上海：上海古籍出版社，1987 年，第 76 頁。）但是這是隸定前的現象，至於隸定後的文字是否有這種情況，則尚未出現專論。

李世民詩歌用韻考

　　唐太宗李世民（599～649），在位 23 年（627～649），是中國歷史上偉大的軍事家、政治家，著名的書法家、詩人，他的詩歌在初唐詩歌史上佔有重要地位。「帝姓李氏，諱世民，神堯次子，聰明英武。貞觀之治，庶幾成康，功德兼隆，由漢以來，未之有也。而銳情經術，初建秦邸，即開文學館，召名儒十八人爲學士。既即位，殿左置弘文館，悉引內學士，番宿更休。聽朝之間，則與討論典籍，雜以文詠。或日昃夜艾，未嘗少怠。詩筆草隸，卓越前古。至於天文秀發，沈麗高朗，有唐三百年風雅之盛，帝實有以啓之焉。在位二十四年，（愚按：應爲 23 年。若將公元 626 年計入，則可視爲 24 年。）諡曰文，集四十卷。《館閣書目》：『詩一卷，六十九首。』（愚按：此處誤，應爲 89 首。另有一首《飲馬長城窟行》重複，還有 1 首只是聯句，不押韻，實有詩歌 87 首。如果將組詩單獨計算的話，則是 98 首。）今編詩一卷。」〔註 1〕李詩押韻情況較爲複雜，這時候律詩還沒有成熟。李詩有 7 首詩首句入韻，其餘 91 首詩首句不入韻；李詩有 4 首詩存在換韻的情況，其餘 94 首詩一韻到底；李詩有 96 首偶句押韻，1 首奇句押韻，1 首句句押韻。本文就《全唐詩》所載李詩，對其詩歌用韻情況做一個初步考察。

一、李詩韻部考

　　通過韻部繫聯，可以歸納出李詩有 21 個韻部，其中陽聲韻 8 部，陰聲韻 9 部，入聲韻 4 部。這裡所用的韻部遵照王力《漢語語音史》，有韻部合用之處，加著重號或下劃線標明。

〔註 1〕　（清）彭定求編：《全唐詩》，北京：中華書局，1960 年，第 1 頁。

（一）陽聲韻

1. 東部（《切韻》東董送韻）（1）平聲東獨用 14 次：《執契靜三邊》B 功紅弓空《重幸武功》叢衷功同宮豐童空紅風《出獵》宮嵩雄紅弓空風叢《秋日即目》宮叢風鴻桐中弓櫳《秋暮言志》空叢紅中風《秋日斅庾信體》叢風通鴻空《置酒坐飛閣》空櫳紅中《詠興國寺佛殿前幡》虹中風空《傷遼東戰亡》戎風功忠《秋日翠微宮》宮空叢中《守歲》宮風紅中《遠山澄碧霧》空紅風通《賦得花庭霧》宮叢風紅空《賦簾》宮風中櫳（2）平聲東冬合用 1 次：《過舊宅二首其二》豐叢空桐中農風

2. 陽部（《切韻》唐蕩宕，陽養漾韻）（1）上聲蕩養合用 1 次：《帝京篇十首其十》想往廣蕩養賞仰響（2）平聲唐陽合用 10 次：《執契靜三邊》D 亡荒鄉康《正日臨朝》陽央康方章廊光荒《春日望海》芳潢荒光行長量桑皇王《元日》光璹荒廊昌王妝航《采芙蓉》塘航香行長章《除夜》芳長香光《芳蘭》場光香芳《詠桃》妝光香芳《賦得殘菊》霜光香黃芳《宴中山》陽常張桑芳光梁（3）平聲陽獨用 2 次：《餞中書侍郎來濟》梁妝長觴《賦得臨池竹》霜翔

3. 庚部（《切韻》庚梗映，耕耿諍，清靜勁韻）（1）平聲清獨用 2 次：《飲馬長城窟行》B 城聲鉦《月晦》城呈聲情（2）去聲映勁合用 1 次：《執契靜三邊》A 姓鏡正慶（3）平聲庚清合用 5 次：《還陝述懷》名行營兵平《入潼關》京城聲驚鳴情名《春日登陝州城樓俯眺厚野迥丹碧綴煙霞密翠斑紅芳菲花柳即目川岫聊以命篇》城明荊情英《詠風》瀛聲生清《賦得早雁出雲鳴》清鳴聲（4）平聲庚耕青合用 4 次：《賦得白日半西山》停生傾聲《賦得浮橋》星驚縈行《詠飲馬》涇纓縈橫生《兩儀殿賦柏梁體》平情明亭成（5）平聲庚獨用 1 次：《詠燭二首其二》生明（6）平聲庚青合用 1 次：《賜魏徵詩》生醒

4. 元部（《切韻》痕很恨，魂混慁，元阮願韻）（1）平聲痕魂元合用 1 次：《經破薛舉戰地》B 原軒痕昏

5. 仙部（《切韻》仙，先銑霰，仙獮線韻）（1）上聲銑獮合用 3 次：《帝京篇十首其二》輦篆卷典《賦尚書》輦典湎鮮善轉《望送魏徵葬》輦餞轉卷泫遣（2）去聲霰線合用 1 次：《帝京篇十首其三》宴電箭倦（3）平聲仙先合用 10 次：《帝京篇十首其九》妍筵圓仙《春日玄武門宴羣臣》年前連筵天

弦埏賢《望終南山》天煙全仙《初夏》遷煙天連前泉《喜雪》C年川篇《秋日二首其一》圓蟬天前《詠雨》田煙鮮弦《三層閣上置音聲》煙連弦仙《賦得弱柳鳴秋蟬》蟬前《探得李》天川（4）上聲獮阮合用1次：《詠弓》遠轉（5）平聲先獨用1次：《詠小山》蓮煙

6. 文部（《切韻》文韻）（1）平聲文獨用1次：《賦得含峯雲》雲分文君

7. 眞部（《切韻》臻，眞軫震，欣隱焮，諄準稕韻）（1）平聲眞諄合用4次：《登三臺言志》秦人倫新鱗銀塵春辰神濱《賦得櫻桃》春津人珍《謁并州大興國寺詩》晨輪春新筠塵《於太原召侍臣賜宴守歲》春新《詠燭二首其一》春人（2）平聲眞獨用1次：《賜蕭瑀》臣仁

8. 侵部（《切韻》侵寢沁韻）（1）平聲侵獨用4次：《初春登樓即目觀作述懷》襟林岑吟尋深心金《賦得李》尋心陰林《秋日二首其二》林金陰心《遼東山夜臨秋》陰吟

（二）陰聲韻

1. 模部（《切韻》模姥暮，虞麌遇韻）（1）去聲暮遇合用3次：《帝京篇十首其七》暮素霧樹《山閣晚秋》度露樹暮《喜雪》B露樹素暮（2）去聲遇御合用1次：《執契靜三邊》C霧慮成懼

2. 魚部（《切韻》魚語御韻）（1）平聲魚獨用3次：《帝京篇十首其一》居餘虛疏《賦得夏首啓節》初餘虛舒於《賦得臨池柳》疏舒（2）上聲語獨用1次：《帝京篇十首其六》渚舉嶼所

3. 侯部（《切韻》侯吼候，尤有宥，幽黝幼韻）（1）平聲尤獨用1次：《冬狩》浮流疇求愁洲收游憂（2）平聲侯尤合用1次：《冬宵各為四韻》侯浮遒憂

4. 歌部（《切韻》歌戈韻）（1）平聲歌戈合用2次：《臨洛水》河羅波歌《詠雨》河阿波羅

5. 咍部（《切韻》咍海代，泰，灰賄隊韻）（1）去聲泰獨用1次：《於北平作》斾帶蓋外（2）平聲咍灰合用3次：《首春》開梅苔來《春池柳》臺回來開梅（3）平聲咍獨用1次：《賜房玄齡》才開

6. 麻部（《切韻》麻馬禡韻）（1）平聲麻獨用3次：《過舊宅二首其一》笳斜花家《喜雪》A霞華沙花《冬日臨昆明池》沙花霞斜《望雪》華斜花霞

7. 祭部（《切韻》祭廢，齊薺霽韻）（1）平聲齊獨用1次：《詠烏代陳師

道》樓低迷啼

8. 微部（《切韻》微尾未韻）（1）平聲微獨用 2 次：《詠雪》暉璣衣機《賦秋日懸清光賜房玄齡》微闈飛暉依

9. 脂部（《切韻》支紙寘，脂旨至，之止志韻）（1）平聲支獨用 2 次：《帝京篇十首其五》奇危差池《儀鸞殿早秋》枝移池窺（2）平聲脂之微合用 3 次：《幸武功慶善宮》基茲時夷思榱司湄畿詩《初秋夜坐》幃遲滋悲《琵琶》時悲幃遲思（3）去聲至志合用 2 次：《初晴落景》喜翠異志《詠司馬彪續漢志》位字記器致思志意異置彎棄事備致至地庇秘笥匱愧（4）上聲旨止合用 1 次：《度秋》暑起涘理

（三）入聲韻

1. 陌部（《切韻》陌麥，昔韻）（1）入聲昔獨用 2 次：《帝京篇十首其八》惜席石璧《經破薛舉戰地》C 昔適

2. 薛部（《切韻》薛，屑韻）（1）入聲薛屑合用 4 次：《帝京篇十首其四》節雪列悅《飲馬長城窟行》A 切結雪節《經破薛舉戰地》A 節潔決裂滅《遼城望月》碣綴缺結滅

3. 質部（《切韻》櫛，質訖，術韻）（1）入聲質獨用 1 次：《執契靜三邊》E 弼七質一

4. 緝部（《切韻》緝韻）（1）入聲緝獨用 1 次：《飲馬長城窟行》C 隰邑立入

二、李詩韻部分析

通過以上韻例分析，我們可以看出李詩用韻基本符合王力先生《漢語語音史》中的隋－中唐音系。但是，李詩中東韻與冬韻同用、庚清韻與青韻同用、獮韻與阮韻同用、遇韻與御韻同用、脂之韻與微同用，這種現象與《切韻》的獨用同用不一樣，與王力先生《漢語語音史》中隋－中唐音系韻部歸併也並不相同。

1. 東韻與冬韻：《切韻》東獨用，冬鍾同用；王力《漢語語音史》據《說文繫傳》「農」讀怒聰反，認為「『農』當是東韻字，而不是冬韻字」，「東冬分用畫然」。〔註2〕所以，此處也可以認為不是東冬合韻，而僅僅是押的東韻，

〔註2〕王力：《漢語語音史》，北京：中國社會科學出版社，1985 年，第 215 頁。

不算出韻。

2. 庚清韻與青韻:《切韻》庚耕清同用,青獨用。王力認爲在隋－中唐音系中,庚耕清韻與青韻分立爲兩部,到晚唐才合流的。但李詩中,清獨用2次,映勁合用1次,庚清合用5次,庚清青合用4次,庚獨用1次,庚青合用1次,青韻沒有獨用例。羅立方舉例論證了「在初唐庚耕清青實爲一部」。〔註3〕儲泰松分析關中文人押韻部類,經統計得出清青合用43例,耕青合用2例,庚青合用13例,庚耕青合用3例,庚清青合用93例,耕清青合用1例,庚耕清青合用8例。並認爲:「不合《廣韻》同用規定的有163例,占本部總韻段的23.52%」,「唯律賦無一例超出同用之規定,但這並不影響我們得出四韻合爲一部的結論」。〔註4〕

3. 脂之韻與微韻:《切韻》支脂之同用,微獨用;王力認爲在隋－中唐音系中,支脂之歸爲脂部,微獨立爲一部。但是在李詩中,微獨用2次,支獨用2次,脂之微合用3次,至志合用2次。儲泰松說:「從時間上看,四韻(支脂之微)相混始於太宗李世民,不過整個初唐還不多見。」〔註5〕羅立方經過分析認爲:「把支脂之微歸爲一部,符合當時的語音實際。」〔註6〕我們從這些材料可以認爲,支脂之韻與微韻四韻合流應該是萌芽於初唐的太宗時期,形成並逐漸成熟於盛唐時期和中唐時期。

4. 遇韻與御韻:《切韻》御獨用,遇暮同用;王力認爲在隋－中唐音系中,遇暮屬模部、御屬魚部,《經典釋文》中魚模混切的情況屬於方言現象。李詩中,暮遇合用3次,遇御合用1次,魚獨用3次。儲泰松認爲「初唐關中地區魚與虞模當有別」〔註7〕。而初唐四傑和沈佺期、宋之問的詩韻中魚與虞摸同用,「流露出初唐魚與虞模已開始合流的信息」〔註8〕。羅立方也舉例論證了這一情況。〔註9〕由此可見,魚模合用是初唐時期確實存在的語音

〔註3〕 羅立方:《陳子昂詩歌用韻考》,《四川師範學院學報(哲學社會科學版)》,2002年,第6期。

〔註4〕 儲泰松:《唐五代關中方音研究》,合肥:安徽大學出版社,2005年,第126~127頁。

〔註5〕 儲泰松:《唐五代關中方音研究》,第111頁。

〔註6〕 羅立方:《陳子昂詩歌用韻考》,《四川師範學院學報(哲學社會科學版)》,2002年,第6期。

〔註7〕 儲泰松:《唐五代關中方音研究》,第107頁。

〔註8〕 李維一、曹廣順、喻遂生:《初唐四傑詩韻》,《語言學論叢》(第九輯),北京:商務印書館,1982年,第287頁。

〔註9〕 羅立方:《陳子昂詩歌用韻考》,《四川師範學院學報(哲學社會科學版)》,2002

現象。至於其是方言現象，是初唐功令不嚴，是其合用過程中的一個趨勢，還是確實已經同用，則需要對更多初唐詩人的用韻情況進行考查，以作出更進一步的論證。

5. 獮韻與阮韻：《切韻》獮銑同用，阮混很同用。王力認爲在隋－中唐音系中，獮韻爲仙部，阮韻爲元部。在李詩中，痕魂元合用 1 次，銑獮合用 3 次，霰線合用 1 次，仙先合用 10 次，獮阮合用 1 次，先獮用 1 次。這裡，獮阮合用所佔比例很小，「綜合衡量，周隋時期北方口語元韻當與先仙相近」〔註10〕。雖然五代的花蕊夫人的《宮詞》中，也有兩處元與仙同用的現象存在，〔註11〕但是並不能作爲元仙合用的證據，估計是方言現象或者是出韻了。

三、幾點思考

1. 李詩用韻比較嚴格，基本符合《切韻》。除了庚部和青部、脂部和微部、魚部和模部合用外，基本與王力先生歸納的隋－中唐音系相吻合，從而印證了王力關於隋－中唐音系的韻部分析是基本正確的。

2. 「初唐時代，功令未嚴」，而且李世民作爲皇帝，「總不該受什麼功令約束」。〔註12〕他的詩歌應該更多地接近當時的口語和實際語音，這對於進一步進行初唐音韻或唐代方音的深入研究，既可以提供寶貴的語料，又有著重要的意義。

3. 庚清韻與青韻、脂之韻與微韻、魚韻與模韻合用在目前關於唐代韻部的研究中尚有分歧。這幾個韻部合用的現象在唐代其他詩人的詩文作品中也時有出現：初唐王梵志的韻例中，「庚耕清青多次同用」〔註13〕。「魚虞模三韻很少分用，同用比例很大」〔註14〕。苗昱認爲王梵志詩韻和寒山詩韻都存在支脂之微四部同用、魚虞模同用和庚耕清青四部同用的現象。〔註15〕羅立

年，第 6 期。

〔註10〕 儲泰松：《唐五代關中方音研究》，第 121 頁。

〔註11〕 郭莉：《花蕊夫人詩歌用韻考》，《四川師範學院學報（哲學社會科學版）》，2003 年第 3 期。

〔註12〕 王力：《漢語語音史》，第 215 頁。

〔註13〕 劉麗川：《王梵志白話詩的用韻》，《語言論集》（第二輯），北京：中國人民大學出版社，1984 年，第 138 頁。

〔註14〕 劉麗川：《王梵志白話詩的用韻》，《語言論集》（第二輯），第 126 頁。

〔註15〕 苗昱：《王梵志詩、寒山詩（附拾得詩）用韻比較研究》，《語言研究》，2004 年第 12 期。

方說:「隋－中唐時期的王梵志、陳子昂、孟浩然、王維、李白、杜甫、韋應物、白居易、柳宗元等一批具有代表性的詩人,在他們的韻例中,都具有支脂之微、魚虞模、庚耕清青同用的現象,韓愈的古體中也都存在這種情況。」所以,「支脂之微、魚虞模、庚耕清青的同用,不可能是詩人的偶然通押或出韻,而是一種語言事實,也就是說在隋－中唐時期,支脂之微、魚虞模、庚耕清青的實際語音已相近或相同。」〔註16〕這個觀點在李詩中也可以得到很好的驗證。

（本文原刊於《鹽城工學院學報（社會科學版）》,2009年第1期。）

〔註16〕 羅立方:《陳子昂詩歌用韻考》,《四川師範學院學報（哲學社會科學版）》,2002年,第6期。

釋 尨

一、從古文字字形看「尨」的本義

　　《爾雅・釋畜》和《毛傳》都說：「尨，狗也。」《說文解字・犬部》對「尨」字解釋得則較爲詳細：「尨，犬之多毛者。從犬、從彡。《詩》曰：『無使尨也吠。』」〔註1〕據《古文字詁林》所錄，「尨」字在古文字中的字形主要有以下幾種：

　　　　　　尨 前四・五二・三 尨 佚九四六 尨 甲一五九【甲骨文編】

　　　　　　尨 佚946【續甲骨文編】

　　　　　　尨 0373 尨 2848 尨 0407 尨 1526 尨 1150【古璽文編】〔註2〕

至於「尨」的戰國文字字形，則有《上博簡三・周易》中的「尨」。從字形上來看，「尨」字當如《說文》之說，「從犬、從彡」；而《說文》所訓的「犬之多毛者」，則是「尨」字的本義。

二、後世對「尨」字本義的誤解

　　對於「尨」所指的「犬之多毛」，後世《說文》學家的解說大致以爲指毛長或多毛的狗。比如，徐鍇《說文解字繫傳》曰：

　　　　尨，犬之多毛者。從犬、彡。《詩》曰：「無使尨也吠。」或曰：

〔註1〕（東漢）許慎：《說文解字》（影清陳昌治本），長沙：嶽麓書社，2006年，第203頁下。

〔註2〕古文字詁林編纂委員會：《古文字詁林》第八冊，上海：上海教育出版社，1999年，第572頁。

「尨，狗也。」臣鍇曰：「彡，毛長也。」會意。〔註3〕

清代的「《說文》四大家」對「尨」字亦各有申說，段玉裁《說文解字注》曰：

（尨，犬之多毛者。）《釋獸》、《毛傳》皆曰：「尨，狗也。」此渾言之，許就字分別言之也。引申爲雜亂之偁。《小戎·箋》曰：「蒙，尨。」是也。牛白黑雜毛曰牻，雜語曰哤，皆取以會意。（從犬、彡。）會意。彡以言其多毛也。（《詩》曰：「無使尨也吠。」）《召南·野有死麕》文。〔註4〕

桂馥《說文解字義證》曰：

犬之多毛者。《增韻》：「犬纁毛者爲尨。」《釋畜》：「絕有力，狣；尨，狗也。」《穆天子傳》：「天子之豪馬、豪牛、尨狗、豪羊。」注云：「尨，尨茸，謂猛狗。或曰：尨亦狗名。」馥案：僖五年《左傳》「狐裘蒙戎」杜注：「尨茸，亂貌。」《七修類稿》：「唐武后時藥王韋善俊有犬名烏尨。」或借厖字，《說苑》「如厖之守戶。」《詩》曰「無使尨也吠」者，《召南·野有死麕》文，《傳》云：「尨，狗也。」〔註5〕

朱駿聲《說文通訓定聲》曰：

尨，犬之多毛者。從犬，從彡。會意。《爾雅·釋畜》：「尨，狗也。」《詩·野有死麕》：「無使尨也吠。」又《穆天子傳》「天子之尨狗」，注：「尨，尨茸，謂猛狗。」【轉注】《周禮·牧人》：「用尨可也。」杜注：「謂雜色不純。」《左·閔二·傳》：「衣之尨服。」注：「雜色。」《易·說卦》：「震爲龍。」鄭注：「尨，取日出時色雜也。」《考工·玉人》：「上公用龍。」司農注：「尨謂雜色。」皆以「龍」爲之。【假借】疊韻連語。左僖五《傳》「狐裘蒙茸。」注：「亂貌。」按《詩·旄丘》作「蒙茸」，亦同。又託名標識字。《左·襄四·傳》：「尨圉。」《史記·夏紀》作「龍」，《漢書·人表》作「厖」。

〔註6〕

〔註3〕 （南唐）徐鍇：《說文解字繫傳》（影清祁雋藻本），北京：中華書局，1987年，第197頁下。

〔註4〕 （清）段玉裁：《說文解字注》第2版，上海：上海古籍出版社，1988年，第473頁下。

〔註5〕 （清）桂馥：《說文解字義證》，北京：中華書局，1987年，第852頁上。

〔註6〕 （清）朱駿聲：《說文通訓定聲》，北京：中華書局，1987年，第54頁上。

王筠《說文解字句讀》曰：

> （尨，犬之多毛者。）《穆天子傳》：「天子之豪馬、豪牛、尨狗、
> 豪羊。」注云：「尨，尨茸，謂猛狗。」左傳五年《傳》「狐裘蒙戎。」
> 注：「尨茸，亂貌。」（從犬，從彡。《詩》曰：「無使尨也吠。」）《召
> 南·野有死麕》文，《傳》曰：「尨，狗也。」《釋畜》同。（或曰：
> 尨，狗也。）即述《毛傳》，謂尨是狗之通名也。〔註7〕

關於「尨」字的其他舊注，可參看《故訓匯纂·尢部》〔註8〕，其中大
多都是顏色不純、雜、亂等義，亦可指狗。《廣韻》又收此字的俗字「猇」，
如同然之於燃、采之於採、泉之於湶，此字所加的犬旁，是俗字中常見的增
加意符現象。上錄許君及清「《說文》四大家」說，皆認為尨當指犬之多毛
者；通言之，則可指狗；又有引申義，指雜、亂、不純等。「《說文》四大家」
對於《說文》「犬之多毛者」都是照錄，並未作解釋。桂馥引《增韻》「犬穠
毛者為尨」，大概是以毛數量多的狗叫尨。而南唐徐鍇說彡指毛長，其義則
以為「犬之多毛者」是指長毛狗。這個說法為清人郝懿行接受，他在《爾雅
義疏》中說：「尨茸，謂多長毛，即今之獅獋狗也。」〔註9〕徐灝《說文解字
注箋》說：

> 尨，古通作厖。《方言》、《廣雅》並曰：「厖，豐也。」即多毛
> 之義也。毛多必雜，故引申之義為雜。〔註10〕

這個說法也被今人廣泛接受。程俊英先生《詩經譯注》：「尨，多毛而兇猛的
狗，現在叫做獅子狗。」〔註11〕《漢語大字典》列三個義項：「1. 多毛的狗。
2. 雜色。3. 雜亂。」〔註12〕《王力古漢語字典》列兩個義項：「（一）多毛犬。
（二）雜色。」〔註13〕前些年發現的聞一多手稿《詩經通義乙》於此亦有關
注，並列出「尨」字三義：

> 尨有三義。《說文》：「尨，犬之多毛者。」《穆天子傳》四「天

〔註7〕 （清）王筠：《說文解字句讀》，北京：中華書局，1988年，第375頁上。
〔註8〕 宗福邦等主編：《故訓匯纂》，北京：商務印書館，2003年，第614頁。
〔註9〕 （清）郝懿行：《爾雅義疏》，上海：上海古籍出版社，1983年，第1339頁。
〔註10〕 （清）徐灝：《說文解字注箋》，《續修四庫全書》第226冊，上海：上海古籍
出版社，2002年，第299頁上。
〔註11〕 程俊英：《詩經譯注》，上海：上海古籍出版社，2004年，第32頁。
〔註12〕 徐中舒主編：《漢語大字典》，武漢：湖北辭書出版社、成都：四川辭書出版
社，1986年，第553頁。
〔註13〕 王力主編：《王力古漢語字典》，北京：中華書局，2000年，第234頁。

子之尨狗」，注：「尨，尨昔也，謂猛狗，或曰亦狗名。」此以尨爲多毛之犬，一也。《考工記·玉人》先鄭注：「尨謂雜色。」案尨勿一聲之轉，卜辭每曰「物牛」，商承祚謂是雜色牛，則尨當爲雜色犬，二也。馬面顙皆白曰駹，鳥之白者曰鶬鴰（並見《爾雅》），老人曰龐眉皓首，以皓義爲白推之，則龐亦白色，又堊壁之白塗謂之塗。（《說文》：「塗，塗也。」「堊，白塗也。」）從尨之字多有白義，然則尨亦可爲白色犬，三也。〔註14〕

徐鍇把《說文》的「多毛」理解爲「毛長」，桂馥、徐灝等人又多理解爲今語的「多毛」，也即毛多的意思；今人多從此二說。其實，這都是誤解。《左傳·僖公二十二年》：「君子不重傷，不禽二毛。」杜預注：「二毛，頭白有二色。」這裡的「二毛」是指毛有二色，也就是指頭髮花白的老人。其實，許慎所說的「犬之多毛者」中的「多毛」也應該這樣去理解：多毛是指毛色多，而非其數量多。「犬之多毛」，其實就是毛色多的狗，也即今語之「花狗」。聞一多《詩經通義乙》已經指出尨可指雜色犬，甚是。然雜色犬，應當也就是《說文》所謂的「犬之多毛者」，聞先生將此分列爲二義，實乃誤讀《說文》，不確。

三、「尨」字字義分析

《詩經·召南·野有死麕》三章曰：「舒而脫脫兮，無感我帨兮，無使尨也吠。」我們僅可從「吠」知尨是狗，但仍無法據以理解「尨」字之義。《穆天子傳》卷四：「天子之豪馬、豪牛、尨狗、豪羊，以三十祭文山。」郭璞注：「豪，猶髭也。《山海經》云：髭馬如馬，足四節皆有毛。」《王力古漢語字典》以爲，豪「引申泛指細長的毛」〔註15〕，其說可從。如此，則尨之義也當與毛相關。郭璞注言：「尨，尨茸，謂猛狗。或曰：尨亦狗名。」非是。這裡的「尨」當與「豪」相類，指某種狀態的毛。而《周禮·地官·牧人》曰：

> 牧人，掌牧六牲阜蕃其物，以共祭祀之牲牷。凡陽祀，用騂牲毛之；陰祀，用黝牲毛之；望祀，各以其方之色牲毛之。凡時祀之

〔註14〕 聞一多：《詩經通義乙》，《聞一多全集》第4冊，武漢：湖北人民出版社，1993年，第52頁。
〔註15〕 王力主編：《王力古漢語字典》，北京：中華書局，2000年，第1313頁。

牲，必用牷物；凡外祀毀事，用尨可也。

這裡的「牷」，與「尨」對言，是理解「尨」的關鍵。《周禮注疏》「牲牷」下注曰：「鄭司農云：『牷，純也。』玄謂牷，體完具。」〔註16〕是先鄭以為牷指純色之六牲，後鄭以為，牷指完整之六牲。其實，牷字當是會意兼形聲字，從全得其聲、義，這個「全」，相當於今語之「清一色」，既指完好無損，也指顏色純一。表面看來，先鄭、後鄭之注不同，但是事實上並不矛盾。「牷」可指純色，那麼同其對言的「尨」，自當如杜子春注所說，「尨謂雜色不純」。孫詒讓《周禮正義》於此注曰：「凡毛物一色者謂之純，雜二色以上謂之尨。」〔註17〕其說得之，此蓋是由「犬之多毛者」引申為凡體表有毛動物之多毛者，也就是毛色雜錯的其他動物。聞一多先生認為龐（通「尨」）眉當指白眉，實為誤解。《後漢書·循吏列傳·劉寵》：「山陰縣有五六老叟，尨眉皓髮，自若邪山谷間出，人齎百錢以送寵。」李賢注：「尨，雜也。老者眉雜白黑也。」〔註18〕其注甚是。也就是說，這裡的尨引申為指雜色，而非指白色。此外，聞先生所舉之證亦有未安之處。《爾雅》說駹是面顙皆白的馬，言下之意，其身則為他色，故知駹為雜色之馬。鶝鴡，《爾雅》作「茅鴟」，郭璞《注》說其似鷹而白，似並非以此為全身皆白之物。「似鷹而白」，蓋指其色較鷹色為淡，這種用法，今語仍存。鷹之全身羽毛亦有雜色，則鶝鴡亦是雜色之鳥。如此，則更可證明，尨有雜色之義。《漢語大字典》又列尨字有「雜亂」之義項，蓋即由其雜色之義引申而來。

「尨」字所從的「彡」，當非如徐鍇所說指「毛長」，亦非指毛多。「須」甲骨文字形作「𩑶」，是一個從彡的字，「髟」字亦從彡，這個「彡」是絕不會指鬚髮多或長，而是就鬚髮之特徵以象其形的。而「尨」古文字字形從犬從彡，其中的「彡」，亦當非指犬毛之多或長，而是為了突出其毛某些方面的特徵。《說文·彡部》：「彡，毛飾畫文也。」〔註19〕從彡的字，一般都是表示紋飾豐富、繁多之類，如雕、彣、彰、或等字。用於表示彩色的「采」

〔註16〕（東漢）鄭玄注，（唐）賈公彥疏，彭林整理：《周禮注疏》，上海：上海古籍出版社，2010年，第451頁。

〔註17〕（清）孫詒讓，王文錦、陳玉霞點校：《周禮正義》，北京：中華書局，1987年，第921頁。

〔註18〕（南朝宋）范曄撰，（唐）李賢等注：《後漢書》，北京：中華書局，1965年，第2478頁。

〔註19〕（東漢）許慎：《說文解字》（影清陳昌治本），第184頁下。

字，後人增彡旁作「彪」，也正是出於這個原因。這也可以說明，尨的本義是指顏色多，或者說是毛色雜錯的狗，也即今俗語所謂之「花狗」。此外，與尨相關的其他幾個字也可以證明這一點。如：《說文‧牛部》：「牻，白黑雜毛牛。」《說文‧馬部》：「駹，馬面顙皆白也。」〔註20〕《爾雅‧釋畜》：「面顙皆白，惟駹。」〔註21〕字從牛、馬，則指牛、馬顏色之駁雜。《說文‧口部》：「哤，哤異之言。一曰雜語。」〔註22〕從口，則指語言之雜。這也可以印證，「尨」字當與顏色之駁雜相關。

丁福保《說文解字詁林》謂今本《說文》有脫文曰：

> 福保案：慧琳《音義》六十三卷十四頁、六十四卷十頁「尨」
> 注引《說文》「犬之多毛雜色不純者曰尨」，二徐本奪「雜色不純」
> 四字，宜據補。〔註23〕

若果如丁福保所說，則尤可證「尨」字本義當是指毛色駁雜的狗。

四、結　論

由以上分析可見，尨字當有五個義項：第一，毛色雜錯的狗，也即花狗，是尨的本義。而從這個本義，可以引申作爲通名，指一般的狗，此第二；或引申爲毛色雜錯的其他動物，此第三；或引申爲雜色，此第四；進而引申爲雜亂，作形容詞用，此第五。確定了「尨」字的本義爲毛色雜錯的狗，我們也就能釐清它與其他各義項之間的引申關係了。其字義的大致發展情況如下：

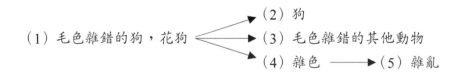

（本文原刊於《中國文字學報》第 6 輯，商務印書館，2015 年）

〔註20〕　（東漢）許慎：《說文解字》（影清陳昌治本），第 29 頁上、第 199 頁下。
〔註21〕　（晉）郭璞注，（北宋）邢昺疏，王世偉整理：《爾雅注疏》，上海：上海古籍出版社，2010 年，第 586 頁。
〔註22〕　（東漢）許慎：《說文解字》（影清陳昌治本），第 34 頁上。
〔註23〕　丁福保：《說文解字詁林》卷十上，第 42 冊，上海：醫學書局，1929 年，第 4383 頁 a。

從「其」字釋義看朱熹的讀書方法

　　朱熹的訓詁代表了宋人最高水平，其訓詁的典範之作是《周易本義》和《詩集傳》，特別是《詩集傳》。今人夏傳才《詩經研究史概要》推《詩集傳》為詩經研究史上的「第三個里程牌」，〔註1〕洪湛侯《詩經學史》認為《詩集傳》是《詩經》宋學的「權威著作」。〔註2〕在《詩集傳》中，朱熹於字詞、名物、制度的訓詁或採擇前說，或自立新訓，亦取得了不凡的成就，比如他對《衛風・伯兮》中「其」字的解釋，就充分顯示出朱熹精深於訓詁之學。

　　《詩經・衛風・伯兮》曰：

　　　　伯兮朅兮，邦之桀兮。伯也執殳，為王前驅。

　　　　自伯之東，首如飛蓬。豈無膏沐？誰適為容。

　　　　其雨其雨，杲杲出日。願言思伯，甘心首疾。

　　　　焉得諼草，言樹之背。願言思伯，使我心痗。

詩的第三章，有一句「其雨其雨」，朱熹《詩集傳》對「其」的解釋是：「其者，冀其將然之辭。」接著又解釋整句詩的意思道：「冀其將雨，而杲然日出，以比望其君子之歸而不歸也。」〔註3〕

　　此篇的「其」，《毛傳》、《鄭箋》、《孔疏》都未作解釋。與「其雨其雨」相類的一句話，「其亡其亡」，出自《周易・否卦》，唐人李鼎祚《周易集解》

〔註1〕　夏傳才：《詩經研究史概要》（增注本），北京：清華大學出版社，2007年，第114頁。

〔註2〕　洪湛侯：《詩經學史》，北京：中華書局，2007年，第362頁。

〔註3〕　（宋）朱熹撰，朱傑人校點：《詩集傳》，《朱子全書》（修訂本）第1冊，上海：上海古籍出版社，合肥：安徽教育出版社，2010年，第458頁。

說：「其，與幾同；幾者，近也。」宋人於「其雨其雨」也多有不解。王質《詩總聞》對這一句的解釋爲：「雨固阻行，未至，宜也。既晴，尚復未至，所以憂疑。」呂祖謙《呂氏家塾讀詩記》和嚴粲《詩緝》則直引朱熹之說。到了清代中期，出現了「《詩經》三大家」，在《詩經》學上頗有成就。其中胡承珙《毛詩後箋》和馬瑞辰的《毛詩傳箋通釋》都是札記體，未收錄「其雨其雨」條。陳奐《詩毛氏傳疏》則說：「古其、維通。其雨其雨，猶云維雨維雨。」清末的王先謙《詩三家義集疏》說：「《左·襄二十三年傳》：『其然』注云：『猶必爾。』此云『其雨』，於義當同。」

這裡的「其」字，很明顯是一個虛詞。《廣雅·釋詁四》最早說：「其，詞也。」其後，《玉篇·丌部》、《廣韻·之韻》、《集韻·之韻》都說「辭也」，與《廣雅》同。《文選·潘勖冊魏公九錫文》：「其以丞相領冀州牧如故。」李周翰注曰：「其，語辭也。」也與《廣雅》同。漢人古注中語辭、語助詞，都只說成「詞（辭）也」。到了清代，王引之《經傳釋詞》卷五則說：「其，猶將也。」於朱熹所訓之義相近。諸家注釋中，唯有朱熹之注最爲明確。

「其」字的字義到底是什麼，出土文獻的發現，給我們提供了解決這個問題的可能性。在甲骨文中，用作語助詞的「其」就已經出現，最常見的就是求雨時，常常都會出現「其雨乎？不其雨乎？」的卜辭。周法高先生《中國古代語法·稱代篇》認爲，「其雨」可以解釋作「大概要下雨吧！」或「大概要下雨嗎？」「不其雨」准此。〔註4〕我們還可以看到這樣一則卜雨之辭：

> 癸卯卜，今日雨？其自東來雨？其自南來雨？其自西來雨？其
> 自北來雨？（《綴》240）〔註5〕

這則卜辭很淺顯，字詞上沒有難解的地方。需要說明的是，這裡的五個「雨」，都讀去聲，指下雨。「來雨」的「來」，並不是表示一個動作，而是表示下雨這個動作的趨向性的；這個用法一直保留到今天，我們今天還會說「我來看一看」、「你來聽一聽」，這裡的「來」，就是表示動作的趨向性的。癸卯日占卜，問老天當天是否會下雨的。後面接著又問老天雨是從東邊、南邊、西邊還是北邊下來？很明顯，在占卜的時候，雨是沒有下下來的，但是，雨會下下來是占卜者的意識中，即將要發生的、而且可以預見的一件事。這個「其」就是表示對可預見的將來要發生的某個動作、事件的可能性的推測。

〔註4〕周法高：《中國古代語法》，臺北：臺聯國風出版社，1972年，第12頁。

〔註5〕曾毅公：《甲骨綴合編》，東京：修文堂書店，1950年。

　　從以上對甲骨卜辭中「其」用法的一個簡單分析，我們可以知道，朱熹將「其雨其雨」中的「其」訓爲「冀其將然之詞」，是非常精確的，無論較之漢唐學者，還是清儒，都要高出許多。其實，「其」字的這一種用法在先秦時期並不止這一例，《周易》、《尚書》甚至《左傳》等書中都可以看到。除了上文引了的《周易‧否卦》「其亡其亡」外，還如：《尚書‧召誥》：「其丕能誠於小民。」《左傳‧哀公二十七年》：「謂大夫其恤陳乎？」更需說明的是，《尚書‧召誥》：「其丕能誠於小民。」蔡沈《書集傳》說：「其者，期之辭也。」蔡沈是朱熹高足，其《書集傳》有些解釋其實就是直接承自朱熹的。蔡沈的這條解釋，或許也是從其師說。清儒在訓詁學上的成就非凡，這個世所公認的，但是，清儒對這個「其」的解釋並不及朱熹的解釋恰切。

　　在訓詁之學中，虛詞的訓詁較實詞要難得多，有時候，有些用法只是具有很細微的差別，稍不留神，就容易誤解其義，以致郢書燕說。因此，要想準確地把握虛詞的詞義，必須要有超強的語言感悟能力。宋人語言與先秦語言也已經有一定差距，而當時也不如今日，可以有「二重證據法」來瞭解先秦語言，可謂「前不著村，後不著店」。他們培養語言感悟能力，唯一的途徑就是熟讀文獻，「涵泳文本」。朱熹一代鴻儒，遍習群經，於先秦典籍了然於心，於先秦語言極熟，故而才能於此字之義獨有創獲。朱熹治經，特重訓詁，認爲訓詁是義理的前提；朱熹教弟子讀書，亦每每強調要涵泳、玩味文本，先窺得其義，再進而領悟聖賢本意。這一點，足爲今日之學者鑒。《朱子語類》載朱熹談解《詩》說：

　　　　當時解《詩》時，且讀本文四五十遍，已得六七分。卻看諸人
　　　　說與我意如何，大綱都得之，又讀三四十遍，則道理流通自得矣。
　　　　〔註6〕

這是朱熹談自己注解《詩經》的經驗。《朱子語類》還載有朱熹教育學生讀書的一段話：

　　　　問學者：「誦《詩》，每篇誦得幾遍？」曰：「也不曾記，只覺得
　　　　熟便止。」曰：「便是不得。須是熟讀了，文義都曉得了，涵泳讀取
　　　　百來遍，方見得那好處，那好處方出，方見得精怪。見公每日說得
　　　　來乾燥，元來不曾熟讀。若讀到精熟時，意思自說不得。……這個

〔註6〕　（宋）黎靖德編，王星賢校點：《朱子語類》，北京：中華書局，1987 年，第
　　　　2091 頁。

貪多不得。讀得這一篇，恨不得常熟讀此篇，如無那第二篇方好。
而今只是貪多，讀第一篇了，便要讀第二篇；讀第二篇了，便要讀
第三篇。恁地不成讀書，此便是大不敬！（原注：此句屬聲說。）
須是殺了那走作底心，方可讀書。〔註7〕

此條爲沈僴 1198 年後所錄，離朱熹去世不到兩年。這既是朱熹晚年對自己讀
書經驗的總結，也是朱熹晚年對教育學生如何讀書的經驗總結。

朱熹的讀書方法，足可爲今人鑒。我們讀古書，尤其是先秦典籍，必須
要熟讀原典，讀透原典，這樣才能有所得；「須是殺了那走作底心」，切不可
有急功近利的思想。

哲人其逝，斯文永存。朱熹留給我們的不僅僅是一部《詩集傳》，不僅僅
是朱師傑人先生等主編的那部《朱子全書》；他留給我們的更是讀書方法，治
學方法。讀書與治學的方法正是朱熹留給今人的更寶貴的財富，這也是體現
朱子學普世與永恆價值的一個重要方面。

（本文原刊於《朱子文化》，2012 年第 5 期。收入時略有改動）

〔註7〕 （宋）黎靖德編，王星賢校點：《朱子語類》，第 2087 頁。

《說文解字》「牡齒」當爲「壯齒」辨

　　東漢許慎《說文解字・牙部》:「牙,牡齒也,象上下相錯之形。凡牙之
屬,皆從牙。𤘓,古文牙。」[註1] 南唐徐鍇《說文解字繫傳》說:「牙,
牡齒也,象上下相錯之形。凡牙之屬,皆從牙。臣鍇曰:『比於齒爲牡也。』」
[註2] 可見,《說文》諸本應當都是將「牙」訓作「牡齒」的。《玉篇》亦與
《說文》同,梁顧野王《玉篇・牙部》:「牙,牛加切,牡齒也。《詩》云:『祈
父,維王之爪牙。』」[註3] 之前並無異議,但清儒段玉裁(1735～1815)《說
文解字注》卻將「牡齒」校改作「壯齒」,學者或同意,或反對,以致爭論
不休,形成了清代《說文》學史上一次重要的論爭。這次學術論爭的範圍之
廣,參與者之眾,影響之大,皆罕有其匹,而且一直延續至今,仍無定論,
故即使將其說成是清代《說文》學史上最重要的一次論爭,也並不爲過。段
玉裁是當之無愧的《說文》學第一人,其所著《說文解字注》的成就極高,
特別是在改字方面,不少地方頗有「先見之明」。傅傑先生嘗言:《段注》「改
易增刪通行本《說文》的篆字和說解,而竟能與莫友芝所得的唐寫本《說文・
木部》殘卷甚至甲骨文、金文字形相合。」[註4] 但其中亦有好妄改之處,
則早爲學者所詬病。「牙」當訓爲「牡齒」還是「壯齒」,不但影響到對段玉

〔註1〕　(漢)許慎:《說文解字》(影清陳昌治本),長沙:嶽麓書社,2006 年,第
　　　　45 頁下。

〔註2〕　(南唐)徐鍇:《說文解字繫傳》(影清祁嶲藻本),北京:中華書局,1987 年,
　　　　第 38 頁下。

〔註3〕　(梁)顧野王:《大廣益會玉篇》(影清張氏澤存堂本),北京:中華書局,1987
　　　　年,第 28 頁上。

〔註4〕　張湧泉、傅傑:《校勘學概論》,南京:江蘇教育出版社,2007 年,第 168 頁。

裁《說文解字注》學術成就的評價，而且對還原許慎《說文解字》的原貌有
重要意義，故有深入探討的必要。

一、「《說文》四大家」改「牡齒」爲「壯齒」

　　段玉裁《說文解字注》首先將《說文》中的「牡齒」改爲「壯齒」，「《說
文》四大家」的其他三家亦持此論。

　　段玉裁《說文解字注》以《九經字樣》爲據，將「牡齒」逕改爲「壯齒」：

　　　　（牙，壯齒也。）壯，各本訛作「牡」，今本《篇》、《韻》皆訛，
　　惟石刻《九經字樣》不誤，而馬氏版本妄改之。《士部》曰：「壯，
　　大也。」壯齒者，齒之大者也。統言之，皆稱齒、稱牙；析言之，
　　則前當唇者稱齒，後在輔車者稱牙。牙較大於齒，非有牝牡也。《釋
　　名》：「牙，櫨牙也。」隨形言之也。輔車，或曰牙車，牙所載也。《詩》
　　「誰謂雀無角」、「誰謂鼠無牙」，謂雀本無角、鼠本無牙，而穿屋穿
　　牆，似有角牙者然。鼠齒不大，故謂無牙也。東方朔說「驪牙」曰：
　　「其齒前後若一，齊等無牙。」此爲齒小牙大之明證。〔註5〕

這個說法雖然引起了別人的爭論，段氏也有過更深入的思考，並仍堅持己見。
壬申年（1812）十月二十一日，段玉裁時年78歲，他給後學江有誥的《與江
晉三說說文牙字》一信中就此問題，作了更爲詳細的分析：

　　　　與足下別後，乃知斷是壯字，非牡字也。《說文》曰：「牙，壯
　　齒也。象上下相錯之形。」（錯，當作逪。）云「上下相錯」，則不
　　專謂下齒可知也。《爾雅》、《方言》、《說文》皆曰：「壯，大也。」
　　然則壯齒者，謂齒之大者也。上下皆曰齒，上下皆有大齒。齒謂中
　　間排列者，牙謂兩邊相近頰之大齒。上下錯互，故曰犬牙相錯，曰
　　聱牙，曰牙儈。上齒必包下齒，故噬物用齒。上牙與下牙相交而後
　　能碎物，故嚼物必用牙。（俗語才爵切。）散辭則齒、牙可互稱，
　　專辭則齒、牙分別前後小大。《急就篇》顏《注》曰：「壯齒曰牙。
　　齒者，總謂口中之骨主齦齞者也。（今刻本壯訛牡。）」《史記》褚
　　先生述東方朔事建章宮有物似麋，朔曰：「所謂騶牙者也。遠方當
　　來歸義，而騶牙先見。其齒前後若一，齊等無牙，故謂之騶牙。」

〔註5〕　（清）段玉裁：《說文解字注》，上海：上海古籍出版社，1988年第2版，第
　　　　473頁下。

謂自脣至煩，齒大小一色，不同人物前小後大，故曰無牙。此最
可證齒小牙大。《周易》「豶豕之牙」，古注：「剛白從頤中出牙之
象也。」云「從頤中出」，則牙兼上、下言。古書從無上曰齒、下
曰牙之說，惟梅誕生《字彙》有之，此兔園冊之不可觀者。俗本《說
文》壯訛牡，徐鍇、徐鉉皆然，以致《集韻》、《類篇》、朱子注《毛
詩》，凡宋後韻書、字書無一不誤，惟《九經字樣》石本作「壯齒」，
今絕無曼患。顧亭林氏《日知錄》引之，但亭林泛言牝牡，言「齒
亦稱牡，見《說文》」。引《九經字樣》作「壯」爲別說，而不知當
據石本《字樣》以正俗本《說文》之訛字也。若祁門馬氏刻《字樣》，
不依宋原拓，而改爲「牡」，則遺誤後學矣。言《切韻》者，上爲
齒，下爲牙，是唐釋氏神珙、守溫，不解字義，漫爲分別，實梅誕
生之所本。〔註6〕

桂馥《說文解字義證》持論與《段注》同，並作了適當補充：

牡齒也者，《九經字樣》、鄭樵《通志》並作「壯」，輔廣《詩童
子問》：「壯齒，謂齒之大者。」沈彤曰：「中央齒形奇，左右齒形偶；
奇則牡，偶則牝。」而《說文》、《玉篇》並以牙爲牡齒，恐傳寫之
訛。戴侗曰：「齒當脣，牙當車。」《詩》：「誰謂鼠無牙」，又謂「相
鼠有齒」，是鼠有齒無牙。《呂氏春秋·淫辭篇》：「問馬齒，圉人曰：
『齒十二，與牙三十。』注云：『馬上下齒十二，牙上下十八，合爲
三十。』」象上下相錯之形者，錯當爲「遄」。《詩·周頌》「設業設
虡，崇牙樹羽」，《正義》云：「栒之上刻爲崇牙，似鋸齒捷業然，故
謂之業牙，即業之上齒也。」馥案：本書「業」下云「象其鉏鋙相
承也」，鉏鋙即相錯義。〔註7〕

朱駿聲《說文通訓定聲》亦特別標出《九經字樣》作「壯齒」，茲錄之於
下：

牙，牡齒也。象上下相錯之形。《九經字樣》石本引作「壯齒
也」。古文下又像齒。《易·大畜》：「豶豕之牙。」虞注：「剛白從
頤中出，牙之象也。」鄭注謂互之誤字。左隱五《傳》：「皮革齒牙。」

〔註6〕 （清）段玉裁：《經韻樓集》卷五，道光元年七葉衍祥堂刊本，第 25～26 頁。
〔註7〕 （清）桂馥：《說文解字義證》，北京：中華書局，1987 年，第 173 頁下～174
頁上。

疏：「領上大齒謂之牙。」〔註8〕

王筠《說文解字句讀》則直接襲用《段注》之說：

（牙，牡齒也。）牡，《九經字樣》、《通志》並作「壯」。壯者，

大也。〔註9〕

段玉裁將《說文》中的「牡齒」徑改為「壯齒」，「《說文》四大家」中的另外三家之說均同，雖然他們都沒說各自的觀點是從段玉裁的，而是直接引《九經字樣》為證。桂馥說輔廣《詩童子問》說「壯齒」，當是誤記。一則，今《四庫全書》本《詩童子問》此作「牡齒」。再則，輔廣是朱熹的學生，《四庫總目》說此書「大旨主於羽翼《詩集傳》，以述平日聞於朱子之說，故曰『童子問』」。〔註10〕朱熹《詩集傳》此處也作「牡齒」。輔廣若改師說，必有說明，而我們在《詩童子問》中卻未見其有所說明。

二、其他學者對《段注》改此字的評價

清代《說文》學發達，其中一個表現就是參與《說文》學研究的學者眾多，除了著名的「《說文》四大家」之外，還有不少《說文》學者，其成就亦不容小覷。在這些學者中，有些贊同段氏的這個改動；有些反對段氏的改動；亦有學者不發表意見，如王紹蘭《說文段注訂補》，雖是意在訂補《段注》，於此卻無說。

（一）贊同《段注》的改動

段玉裁的《說文》學成就雖高，但其間錯誤亦不能免，故《段注》一出，不少學者紛紛對其加以修正。在這些修正《段注》的著作中，亦有學者同意段玉裁改《說文》的「牡齒」為「壯齒」。如：鈕樹玉《段氏說文注訂》錄段玉裁之說，不過後又加按語曰：「《廣韻》作『牙齒』，不作『牡齒』。」〔註11〕這只是對段玉裁的證據加以修正，但他還是同意段玉裁的這個改動。馮桂芬《說文解字段注考正》曰：《九經字樣・雜辨部》：「牙，壯齒也。」〔註12〕

〔註8〕 （清）朱駿聲：《說文通訓定聲》，北京：中華書局，1987年，第450頁上。
〔註9〕 （清）王筠：《說文解字句讀》，北京：中華書局，1988年，第69頁下。
〔註10〕 （清）永瑢等：《欽定四庫全書總目》（整理本），北京：中華書局，1997年，第196頁。
〔註11〕 （清）鈕樹玉：《說文段注訂》，《續修四庫全書》第213冊，上海：上海古籍出版社，2002年，第5頁下。
〔註12〕 （清）馮桂芬：《說文解字段注考正》，《續修四庫全書》第223冊，上海：上

民國時期馬敘倫《說文解字六書疏證》卷四舉《急就篇》顏師古注曰：「壯齒曰牙。」慧琳《音義》卷三五亦引作「壯齒」，又列其他數證，以壯字爲是。〔註13〕

（二）反對《段注》的改動

段氏作此改動之後，有更多的《說文》學者認爲版本上的證據不足，反對段玉裁將「牡齒」改爲「壯齒」，除江有誥外，一些《說文》學著作亦對此提出異議，比如：嚴章福《說文校議議》說：

> 牙，段氏依石刻《九經字樣》改作「壯齒也」，余謂眾本及《篇》、《韻》皆作「牡齒」，當非無本。俗呼父爲牙，故牙爲牡雌齒，同聲。故齒爲牝議。依大徐，《詩·行露》「誰謂鼠無牙」，蓋鼠但有齒，無牙，故字從臼，臼者，古文齒省，非杵臼字。形與聲兼也。齒在中間，牙在兩旁，段氏以齒牙分前後，不誤。〔註14〕

徐承慶《說文解字注匡謬》錄段玉裁之說，後加按語曰：

> 按：許言「牡齒」，必有所本。字書皆從之，張參作「壯齒」，此孤證，不當遽改舊文。〔註15〕

《九經字樣》爲玄度作，徐承慶誤記。徐灝《說文解字注箋》則直接批評段玉裁誤解其義：

> 段未知其義也。口斷骨齊平者謂之齒，左右銳者謂之牙，故曰牡齒，亦謂之虎牙。《易·大畜》「豶豕之牙」即其義。齒銳者爲牙，故東方朔說「驪牙」曰：「其齒前後若一，齊等無牙也。」引申之，則凡物尖銳者曰牙，如草木萌牙是也。又，左右分列者亦謂之牙，如「佩玉之衝牙」及牙旗、牙門之類是也。《說文》各本及《玉篇》、《廣韻》、《集韻》、《類篇》皆作「牡齒」，獨《九經字樣》誤作「壯齒」，不足爲據也。〔註16〕

海古籍出版社，2002年，第506頁。

〔註13〕 轉引自李圃主編：《古文字詁林》第2冊，上海：上海教育出版社，2000年，第573頁。

〔註14〕 （清）嚴章福：《說文校議議》，《續修四庫全書》第214冊，上海：上海古籍出版社，2002年，第29頁上。

〔註15〕 （清）徐承慶：《說文解字注匡謬》，《續修四庫全書》第214冊，上海：上海古籍出版社，2002年，第286頁上。

〔註16〕 （清）徐灝：《說文解字注箋》，《續修四庫全書》第214冊，上海：上海古籍

此外，這個問題也引起了後世學者的興趣，如今人左民安先生撰《「牡齒」、「壯齒」辨》一文，對這個問題作了簡單的學術史回顧，並據「牡」字有「大」義，認為「牡齒」不誤，段氏之改動不可取。〔註17〕

三、從先唐典籍用語習慣看「牡齒」還是「壯齒」

之前的學者都是從版本層面來駁斥段玉裁的改動不恰當。據馬敘倫《說文解字六書疏證》所引，以及《故訓匯纂》〔註18〕，《急就篇》卷三顏師古注說「牡齒曰牙」，慧琳《一切經音義》卷三十五「牙頷」注引《說文》作「牙，壯齒也。」慧琳所引《說文》作「壯齒」，當有所本，應是今已佚失的某個《說文》版本。此外，日本學者山井鼎《七經孟子考文補遺・尚書注疏卷六》亦說：「牙，牡齒也。（十七葉左四行）牡作壯。」〔註19〕這些可以為段玉裁的校改提供了一些新的版本上的證據，但這仍不能作為足夠形成定論的充分條件，我們尚需要通過其他材料的辨析來論證到底是「壯齒」還是「牡齒」。

清人僅是從版本角度來看這個問題，而左民安先生則從字的音義角度去分析這個問題。無論支持段說，還是反對段說，顯然證據都不夠充分，無法形成定論以說服對方。其實，之前的研究都忽視了對語言實際運用層面的分析。我們還可以從漢代及稍後時代的典籍中的用語習慣，回到漢唐諸儒的現實語境中來分析「壯齒」和「牡齒」這兩個詞語的用法特徵。古書亡佚不少，後人無法得窺全貌，通過對現存唐以前，特別是漢代典籍的考察，雖有以偏概全之嫌，但如此來運用不完全歸納法加以考察，亦不失為一種合理的、可行的方法。

通過檢索這些文獻，我們可以發現，「壯」字用以修飾身體結構的詞語還有「壯髮」、「壯心」、「骨壯」、「體壯」等詞，卻未見有「牡」字用以修飾身體結構表示「大」的用法。東漢杜詩《迄退郡疏》有「及臣齒壯」（《全後漢文》卷十九，《後漢書・杜詩傳》），六朝時期的左思《雜詩》亦有「壯齒不恆居，歲暮長慨慷。」（《文選》卷二十九）這兩處都是以「壯」來修飾「齒」，

出版社，2002年，第280頁下。

〔註17〕左民安：《「牡齒」、「壯齒」辨》，《辭書研究》，1988年第4期，第148～150頁。

〔註18〕宗福邦等主編：《故訓匯纂》，北京：商務印書館，2003年，第1397頁。

〔註19〕〔日〕山井鼎輯，〔日〕物觀等補遺：《七經孟子考文並補遺》，《叢書集成初編》第115冊，上海：商務印書館，1936年，第130頁。

只不過，都是用的引申義，指人的成年。此外，文獻中還有不少地方以「壯」來修飾一個表示身體結構的名詞，如，第一，班固《漢書‧外戚傳第六十七下》：「我兒男也，額上有壯髮，類孝元皇帝。」〔註20〕顏師古《注》曰：「壯髮，當額前侵下而生，今俗呼爲圭頭者是也。」〔註21〕《前漢紀‧前漢孝成皇帝紀四卷第二十七》亦錄《漢書》此語。蔡邕《獨斷》：「元帝額有壯髮。」陶宗儀及《漢官儀》：「元帝頞上有壯髮。」孫星衍輯本「頞」作「額」。第二，《焦氏易林‧井之大過》：「鐘鼓夜鳴，將軍壯心。」第三，揚雄《太玄‧玄瑩》：「其所循也大，則其體也壯。」第四，《黃帝內經‧上古天眞論篇第一》：「肌肉滿壯。」第五，《燕丹子》：「（荊軻）體烈骨壯。」第六，顏延之《赭白馬賦》：「角壯永垺。」（《文選》卷十四）

而「牡」字，我們則只發現《黃帝內經》有「心爲牡藏」，《靈樞經》有「心爲牡藏」、「肝爲牡藏」的說法；而《靈樞經》之後有「脾爲牝藏」、「肺爲牝藏」、「腎爲牝藏」的說法。藏，即臟也。可見，這裡的「牡」還是用牝牡之義。所以，我們完全有理由懷疑，「牡齒」這種用法很可能在語言中並不存在。

我們主要考察的是漢代文獻，並適當涉及六朝的一些文獻，雖然我們並未將傳、注之類的文獻納入考察，但是根據以上的分析，也已經很能說明問題了。由此，我們可以說，斷定《說文解字》中當作「壯齒」，而非「牡齒」，該是無疑的了。

四、「壯齒」訛作「牡齒」原因試探

今本《說文》和《玉篇》都作「牡齒」，很明顯，《玉篇》是從《說文》的，對其可置而不論。今本《說文》的這個錯誤，是許慎自己誤注，還是如段玉裁、桂馥所說「傳寫之訛」，這頗有關注的必要。

壯（壯），從爿、從士；牡，從牛、從土。二字字形相近，俗寫中容易致訛。我們都知道，敦煌俗字中「士」字通常都是都是寫作「土」形的，而「土」則在右邊加一點，作「圡」。但是，也偶有例外的情況，黃徵先生《敦煌俗字典》錄一「士」字作「圡」，其下按語說：「此字與『土』字俗字相

〔註20〕 （漢）班固撰，（唐）顏師古注：《漢書》，北京：中華書局，1962年，第3991頁。

〔註21〕 （漢）班固撰，（唐）顏師古注：《漢書》，第3992頁。

亂。『士』字通常不加點『、』。」〔註22〕而其實，「土」字也有不加點的情況的，如《敦煌俗字典》錄一「牡」字作「牡」。〔註23〕這樣「壯」、「牡」二字右邊部件混同就是極有可能的了。其實，「牡」字或本從士，不從土。王國維先生《釋牡》說：

> 《說文》：「牡，畜父也。從牛，土聲。」案：牡，古音在尤部，與土聲遠隔。卜辭牡字皆從⼟。⼟，古士字。孔子曰：「推十合一爲士。」⼟字正丨（古文十字）、一之合矣。古音士在之部，牡在尤部，之尤二部音最相近。牡從士聲，會意兼形聲也。〔註24〕

此說甚是。牡字本從士，許慎所處的東漢時代，或許已經誤寫成從土了。這也是士、土在早期文字的俗寫中，相互混同的證據之一。

再看看壯、牡二字的左邊部件。「爿」這個偏旁，從漢代一直到唐代，都有與「牛」旁混同的例子。陸錫興先生所編著之《漢代簡牘草字編》錄「牡」有一字形作「牡」（武83甲）〔註25〕，「牧」寫作「牧」（居387.16）〔註26〕，而「狀」寫作「狀」（居325.7）〔註27〕，左邊部件極近。《漢代簡牘草字編》錄「牀」作「牀」（武84甲）〔註28〕，「狀」作「狀」或「狀」〔註29〕，《敦煌俗字典》錄「壯」有一字形作「壯」〔註30〕，「狀」作「狀」〔註31〕；而前文所引《敦煌俗字典》中「牡」字作「牡」，顯然，「爿」旁已與「牛」旁相混同了。事實上，出土文獻和傳世文獻中二者互混的例子並不少見，《中華字海》已經列出不少，較爲完備，現在將其錄之於下。其中「爿」旁訛作「牛」旁的字有：

> 1. 牡，同「壯」。字見隋《呂胡墓誌》。2. 牀，「牀（漿）」的訛字。字見《龍龕》。3. 牁，「牁」的訛字。字見《篇海類編》。4. 將，

〔註22〕黃徵：《敦煌俗字典》，上海：上海教育出版社，2005年，第366頁。

〔註23〕黃徵：《敦煌俗字典》，第281頁。

〔註24〕王國維：《觀堂集林》，北京：中華書局，1959年，第287～288頁。

〔註25〕陸錫興編著：《漢代簡牘草字編》，上海：上海書畫出版社，1989年，第17頁。

〔註26〕陸錫興編著：《漢代簡牘草字編》，第64頁。

〔註27〕陸錫興編著：《漢代簡牘草字編》，第197頁。

〔註28〕陸錫興編著：《漢代簡牘草字編》，第110頁。

〔註29〕陸錫興編著：《漢代簡牘草字編》，第119頁。

〔註30〕黃徵：《敦煌俗字典》，第568頁。

〔註31〕黃徵：《敦煌俗字典》，第569頁。

同「將」。字見梁《蕭憺碑》。5. 牂，同「牂」。《史記·李斯列傳》：「泰山之高百仞而跛~牧其上。」6. 牂，「牂」的訛字。見《正字通》。7. 牁，同「將」。字見《龍龕》。8. 牆，同「牆」。字見唐《劉通墓誌》。9. 牆，「牆」的訛字。字見《龍龕》。10. 犅，同「牆」。字見魏《公孫略墓誌》。〔註32〕

當然，這裡《中華字海》有一些錯誤，比如：第 5 條和第 6 條表述不一致；第 8 條和第 10 條的「牆」，應該是其異體字「牆」，而這兩條與第 9 條的表述也不一致。其實，這十條都應該看成是從「爿（丬）」的字被寫成從「牛」旁的字了。而同樣，《中華字海》裏也錄了一些「牛」旁被寫作「爿（丬）」旁的字：

1. 牧，同「牧」。字見唐《玄武丞楊仁芳墓誌》。2. 牧，同「牧」。字見魏《和遷墓誌》。3. 物，同「物」。見《敦煌俗字譜》。4. 牪，同「牪」。字見唐《馬君起墓誌》。5. 牾，「悟」的訛字。見《康熙字典》。6. 犠，同「犠」。字見唐《李護墓誌》。7. 犠，同「犠」。字見唐《趙和慎墓誌》。〔註33〕

這裡的表述也應該統一。除了以上兩種情況外，《中華字海》中還錄有「總」字兼寫成「爿」、「牛」二旁的：「牎，同『總』。見《字彙補》。」〔註34〕「牎，同『總』。字見《正字通》。」〔註35〕「牎，同『總』。字見隋《寇遵考墓誌》。」〔註36〕其實，這三個字，也都是總（揔、摠）的訛俗字。

此外，我們還需要看看壯、牡二字的右邊部件。我們確實可以看到《漢代簡牘草字編》和《敦煌俗字典》中的「壯」字右邊部件都加了點，《敦煌俗字典》中收「裝」、「莊」字的俗字共 14 個，就有 13 個字形的「士」上都加有點「、」，〔註37〕這當是俗字中的飾筆現象。這就更加可以說明，壯、牡在俗寫中很容易互訛。實際上，在出土文獻中，我們已經發現了「壯」字訛寫為「牡」字的例證，比如前揭《中華字海》中提到的隋代《呂胡墓誌》。

〔註32〕冷玉龍、韋一心主編：《中華字海》，北京：中華書局、北京：中國友誼出版公司，2000 年，第 849～857 頁。

〔註33〕冷玉龍、韋一心主編：《中華字海》，第 1006～1008 頁。

〔註34〕冷玉龍、韋一心主編：《中華字海》，第 853 頁。

〔註35〕冷玉龍、韋一心主編：《中華字海》，第 853 頁。

〔註36〕冷玉龍、韋一心主編：《中華字海》，第 1007 頁。

〔註37〕黃徵：《敦煌俗字典》，第 567～568 頁。

檢核《隋唐五代墓誌彙編・洛陽卷一》所收之《呂胡及妻李氏墓誌》，其中的「將軍破壘，壯士孤墳」的「壯」正寫作「**牡**」，〔註38〕與「牡」字形相同。這又正可作爲《說文》中「牡齒」當作「壯齒」的證據。丁福保《說文解字詁林》認爲：「隸書爿字偏旁多作牙，故牡即壯之別體。」〔註39〕其說近是，當然也可能是互訛。

五、結 論

今通行本《說文》中的「牡齒」，在《急就篇》顏師古注、慧琳《一切經音義》所引《說文》、玄度《九經字樣》、鄭樵《通志》等唐宋文獻中作「壯齒」，山井鼎《七經孟子考文補遺》亦說當作「壯齒」。通過對漢代及其稍後時代語言的考察，我們可以知道，「壯齒」是正確的用法，「牡齒」的用法很可能是不存在的。再通過字形分析，我們發現，牡、壯二字有互訛的可能性；而且文獻中確實有「壯」字被訛寫成「牡」字的情況。

綜合以上分析，我們完全有理由相信，許慎《說文解字》本來是作「壯齒」的。今本《說文解字》中因爲「壯」的俗字可以寫成「**牝**」或「**牡**」，而這兩個字形本又可以是「牡」的俗字，因而被誤認作「牡」，所以才會在一些《說文》的版本中將「壯齒」訛誤成「牡齒」。段玉裁《說文解字注》對此的改動是正確的，其判斷也基本正確，《說文》中的「壯齒」被訛作「牡齒」是因爲「壯」、「牡」二字在漢唐時期俗字寫法相同所致。

此一字之爭，聚訟紛紜數百年，段氏之說今可定論矣，許君之書亦可得還原矣。

（本文原刊於《華夏文化論壇》第9輯，吉林文史出版社，2013年）

〔註38〕陳長安主編：《隋唐五代墓誌彙編》（洛陽卷），第1冊，天津：天津古籍出版社，1991年，第46頁。
〔註39〕丁福保：《說文解字詁林》，北京：中華書局，1987年，第2697頁。

文獻中「息」「思」互訛問題瑣談

　　拙文《〈詩集傳〉校勘〈毛詩〉異文條辨》談及《詩經》中「不可休思」訛作「不可休息」這一問題時，提出：

　　　　思字本寫作「恖」，《說文》即以思從囟，與息字隸書字形近易混；思作正字後，恖作爲俗字字形仍然有比較廣泛的使用，而息之俗字可寫作「**息**」，與「恖」字形更近：毛韓用字之異或許與此相關。

〔註1〕

但是，囿於該文體例，未能作出深入探討，意猶未盡。其實，傳世文獻中不僅有「息」字訛作「思」字的情況，也有「思」字訛作「息」字的情況；此外，還有學者認爲，出土文獻中的也存在二字相訛的情況。下文就文獻中「息」「思」互訛的情況作一分析，並對其原因作出初步探討，敬請方家批評指正。

一、《詩經》中的「息」當爲「思」之訛

　　今本《詩經》中，《周南・漢廣》篇首章曰：

　　　　南有喬木，不可休息。漢有遊女，不可求思。漢之廣矣，不可泳思。江之永矣，不可方思。

通行本《毛詩》中的「不可休息」，《列女傳・辯通傳第六》引亦作「不可休息」，而《韓詩外傳》卷一引此文作「不可休思」。《毛傳》釋曰：「喬，上竦也。思，辭也。漢上游女，無求思者。」《鄭箋》曰：「『不可』者，本有可道也，木以高其枝葉之故，故人不得就而止息也。」陸德明《經典釋文》曰：「休

〔註1〕 陳才：《〈詩集傳〉校勘〈毛詩〉異文條辨》，《文津學誌》第 7 輯，北京：國家圖書館出版社，2014 年，第 41 頁。

息，並如字。古本皆爾。本或作『休思』，此以意改爾。」〔註 2〕是陸德明以為此處古本當作「休息」，而有的版本作「休思」是後人據意所改。

而隨後孔穎達的觀點，較之陸德明則有所變化。《孔疏》曰：

以「泳思」「方思」之等，皆不取「思」為義，故為「辭也」。

經「求思」之文在「遊女」之下，《傳》解「喬木」之下先言「思，
辭」，然後始言「漢上」，疑經「休息」之字作「休思」也。何則？

《詩》之大體，韻在辭上，疑「休」「求」字為韻，二字俱作「思」。

但未見如此之本，不敢輕改耳。〔註 3〕

孔穎達因未見作「不可休思」的版本，不敢輕易改字，但是態度上是明確的：
這裡本當作「思」，而不應該作「息」。孔穎達提出了兩個證據：一是《詩經》
文本的內在體例。《詩經》中有「韻在辭上」之例，也就是今人所謂的「富
韻」。在《詩經》中，其他地方的富韻，韻腳字下面的虛字都是同一個字，
所以，《漢廣》首章中，下文作「求思」「泳思」「方思」，上文應該作「休思」。
二是根據《毛傳》的體例。除去解釋「興」意的部分，《毛傳》在釋詞時，
一般解釋完上句，再解釋下句。這裡先說「思，辭」，再說「漢上游女」云
云，很顯然，這個「思」當屬上句，而非下句的「不可求思」的「思」。

孔穎達的說法很有見地，可從。我們知道，孔穎達《毛詩正義》主要採
用劉炫、劉焯之說而成書，其實，這裡孔穎達應該就是採用了劉炫的說法。
敦煌 S2729B《毛詩音》殘卷《漢廣》篇「息」下曰：「炪以烋（休）、來、
息韻，疑息當為忍。」許建平先生校記引日本學者平山久雄的見解，以「炪」
為「炫」之訛；前「息」或是衍文，或是「為」之誤；「『來』為『求』之訛，
『忍』為『思』之訛」。〔註 4〕由此，我們更可以推知，《毛傳》所據底本當
與《韓詩外傳》卷一所引同，作「不可休思」，而非後世流傳的「不可休息」。

此後，歷代《詩經》學者於此多有論說，有學者認為是今古文之間的異
文，有學者認為此處當作「不可休思」，有學者以為息、思二字形近易訛，也
有少數學者，如惠棟、陳奐、黃焯等認為二字音近可通。更有甚者，如陳奐

〔註 2〕 （漢）毛亨傳，（漢）鄭玄箋，（唐）孔穎達疏，（唐）陸德明音釋，朱傑人、
李慧玲點校：《毛詩注疏》，上海：上海古籍出版社，2013 年，第 70 頁。

〔註 3〕 （漢）毛亨傳，（漢）鄭玄箋，（唐）孔穎達疏，（唐）陸德明音釋，朱傑人、
李慧玲點校：《毛詩注疏》，第 70～71 頁。

〔註 4〕 張湧泉主編，許建平撰：《敦煌經部文獻合集》第 9 冊，北京：中華書局，2008
年，第 4500、4519 頁。

《詩毛氏傳疏》、林義光《詩經通解》等，就徑直將原文改作「不可休思」。
向熹先生《〈詩經〉語文論集》認爲這一異文屬於「義異」，「不僅字形不同，
意義也不相同，反映了人們對《詩經》的不同理解」。〔註5〕

諸家說法中，以清儒陳玉樹《詩經異文箋》與近人屈守元《韓詩外傳箋
疏》最爲詳細。陳玉樹先引《毛傳》之釋，又引《釋文》《正義》二家之說，
並下按語道：

> 案：二家說皆非是。思、息雙聲，古字通用。《韓詩》正作「不
> 可休思」。《韓詩》今文，《毛詩》古文，字雖爲息，音仍爲思。一章
> 之內，今古文雜見，如《伐檀》之「猗」「兮」、《皇矣》之「度」「宅」、
> 《行葦》之「鈞」「均」、《閟宮》之「承」「懲」皆是，不獨此章「息」
> 「思」爲然。「思」字古亦讀入聲。《尚書》「欽明文思安安」，《後漢
> 書・第五倫傳・注》引《尚書考靈曜》作「文塞晏晏」。思、塞字通，
> 息、塞聲近。《釋名》：「息，塞也。」「息」字古亦讀平聲。《唐韻正・
> 二十四職》：「息，平聲則相夷切。《漢書・地理志》：『司吾，茶曰息
> 吾。』《水經注》：『楚執鍾，吾子以爲司吾縣，王莽更之曰息吾也。』
> 《廣韻・七》之思、司皆息茲切。司與息同聲，則思與息亦同聲矣。
> 息與司通，司又與思通。《釋名》：「思，司也。」《周禮》「司市」《注》：
> 「思，當爲司字。」是也。字之通叚存乎聲，息之與思，今音則雙
> 聲，古音則同聲，息爲思之聲叚字，毫無疑義。惠棟《詩經古義》
> 曰：「不可休息，《韓詩外傳》作『不可休思』，《樂記》云：『使其文
> 足論而不息。』《荀卿子》『息』作『諰』，《說文》云：『諰，思之義
> 也。從言從思。』《禮記》多古文，或思、息通也。惠氏已□及此，
> 尚不能自堅其說，而戴震《毛鄭詩考正》、阮元《毛詩校勘記》、馮
> 登府《三家詩異文疏證》皆以息爲思之訛□□昧於古音所致。陳奐
> 徑改「休息」爲「休思」，尤爲悖謬，然《詩集傳》已從《韓詩》作
> 「不可休思」矣。（見《詩考後敘》。今《集傳》仍作「不可休息」，
> 非朱子原本。）劉向《列女傳・阿谷處女傳》引《詩》「不可休息」，
> 向習《魯詩》，字與毛合，亦可證其非訛字。《箋》云：「故人不得就
> 而止息也。」以「止息」釋經「休」字，（《民勞》「迄可小休」，《箋》

〔註5〕 向熹：《〈詩經〉語文論集》，成都：四川民族出版社，2002年，第147頁。

云：「休，止息也。」）與經「息」字無涉〔註6〕

陳玉樹以《毛詩》本作「息」，音思，以息、思通假。其所舉之證，多以漢世之音繩先秦古音，證據稍欠。而且即使二字古音極近，也只能說明二字有通假的可能性。按照今人的上古音研究結論，思為之部字，息為職部字，之職對轉，典籍習見，但是，在文獻中，卻鮮見思、息二字通假的情況。所以，通假說法難以坐實。陳玉樹提出有價值的觀點在於《詩經》中存在「一章之內，今古文雜見」的情況，並舉了四個例證。《魯頌・閟宮》：「戎狄是膺，荊舒是懲，則莫我敢承。」陳玉樹謂懲、承為今古文而通假，實本之於朱駿聲《說文通訓定聲》和馬瑞辰《毛詩傳箋通釋》。此一家之言，不足為憑，可不予置論。考《大雅・皇矣》「維彼四國，爰究爰度」與「乃眷西顧，此維與宅」，此「度」《釋文》待洛反，《廣韻》吐落切，非《廣韻》徒故切之「度」。《毛傳》訓為居，非是；鄭玄改訓為謀，得之。古文宅、度同，此「宅」字當漢人轉寫如此，可能是為了區別意義。《大雅・行葦》：「敦弓既堅，四鍭既鈞。舍矢既均，序賓以賢。」鈞謂鈞停，均謂皆中。其義不同。或許「鈞」字也是漢人為了區別意義而寫定。至《魏風・伐檀》之「猗」字，漢石經《魯詩》作「兮」。此亦非經學上的今古文之別，而實為文字學上的猗、兮二字通用。〔註7〕今本《毛詩》或因上「漣」字而下用「猗」字。當然，即使陳玉樹「一章之內，今古文雜見」之說是正確的，也不能據以斷定此處「息」就是「思」的通假字。

屈守元先生對此亦有一段詳細的注釋，不嫌其煩，引錄於下：

《容齋續筆》引「休思」作「休息」。許云：「今《毛詩》作『不可休息』。朱子《詩集傳》舊本『休息』下有注云：『吳氏曰：《韓詩》作思。』故王浚儀《詩考序》謂『文公《集傳》不可休思，從《韓詩》也。』」案：吳氏，謂才老。才老不及見《韓詩》，當即據《外傳》言之。瀚謂此字韓、毛本同。自陸氏《釋文》主『息』字，孔氏《正義》知當作『思』，而不敢擅改，後世遂踵其訛。近世學者皆信其當作『思』矣（獨惠氏《九經古義》謂息、思通），而其致誤之由未明也。謹案：此由誤讀鄭《箋》之故。《箋》云：『木以

〔註6〕 陳玉樹：《詩經異文箋》，《續修四庫全書》第 74 冊，上海：上海古籍出版社，2002 年，第 173 頁。

〔註7〕 參看王輝編著：《古文字通假字典》，北京：中華書局，2008 年，第 53 頁。

高其枝葉之故，故人不得就而止息也。』人見《箋》有『息』字，
疑經文本有『息』字，故見誤本而不敢改。不知止息乃休字之訓。
《大雅・民勞》：『汔可小休。』《箋》云：『休，止息也。』是其明
證。《說文》：『休，息止也。』《爾雅・釋詁》：『休，息也。』郭《注》：
『勞苦者宜止息。』（案：郭《注》此分三義：以棲遲為遊息，憩、
休、苦為止息，龢、鬷咽為氣息。勞苦句非專釋苦字也。）皆與鄭
義同。毛《傳》無訓者，毛尚簡括，往往後先互見，疑乃重出。全
書之通例也。《大雅・瞻仰》：『休其蠶織。』《傳》：『休，息也。』
毛義蓋見此。鄭云止息，申毛義也。如鄭《箋》止息為休字之訓，
且其義本於毛，經本非『息』字，與韓適同，而元朗、沖遠之疑，
亦可以釋然矣。」守元案：《釋文》云：「休息，並如字，古本皆爾。
本或作『休思』，此以意改爾。」《正義》云：「經『求思』之文，
在『遊女』之下，《傳》解『喬木』之下，先言『思，辭』，然後始
言『漢上』。疑經『休息』之字，作『休思』也。何則？《詩》之
大體，韻在辭上，疑休、求字為韻，二字俱作『思』。但未見如此
之本，不敢輕改耳。」是陸、孔所見古本，俱作「休息」。唐初《韓
詩》猶存，若作「思」字，何乃不相援引？此大可疑者也。竊意《韓
詩》古本，亦與毛同；其有或作「休思」者，所謂以意輕改。及陸、
孔說行，《毛詩》之文，自不容改易。而《韓詩》亡佚，惟《外傳》
猶存，變「息」為「思」，無從質定。於是朱元晦據之以為《集傳》，
王伯厚取之以入《詩考》。「休思」、「休息」，韓、毛異文之說，遂
相沿而莫反矣。然《外傳》猶有作「息」者，《容齋續筆》所引，
蓋即慶曆中李用章刊行，斯同符古本者也。其實作「息」之本，不
止韓、毛二家為然，《列女傳》作「不可休息」，猶容指為後人輕改，
《易林・萃之漸》云：「喬木無息，漢女難得。」以息與得為韻，
此足以為作「息」之確證矣。「休思」之文，勝於「休息」，孔氏之
說，雖不可易；然韓、毛古本，實作「休息」，此不可不明辨者也。
〔註8〕

屈先生羅列多家說法後，認為作「思」義勝，然而，《韓詩》與《毛詩》的

〔註8〕屈守元：《韓詩外傳箋疏》，成都：巴蜀書社，1996年，第16～18頁。引文對
　　　原標點略作技術性改動。

古本確是作「息」，並引古本《列女傳》爲輔證。然而，屈先生的這個說法也是值得商榷的。首先，我們知道，後世能見到的《毛詩》版本，最早的就是唐開成石經中的《詩經》，現在還能見到一些敦煌寫本。但這些都是經過後人，特別是唐人轉寫的，比如顏師古作《五經定本》，就對《詩經》做過校正文字的工作，以致於我們現在見到的，與漢代的原始文獻在字形上是有一定差距的。也就是說，現在能見到的最早的《毛詩》版本如此，並不能說明《毛詩》原本如此。再結合孔穎達的說法，很明顯，認爲《毛詩》原本作「思」，更爲合適。其次，《焦氏易林·萃之漸》「喬木無息」，這個「無息」，對應的是《詩經》中的「不可休」，也就是說，這個「息」並不是直接沿用《詩經》原文，而是《詩》文中「休」的同義轉寫，以與下句的「得」爲韻。據《焦氏易林》以斷定《詩經》文本作「息」，並不可靠。第三，正如上文所言，現存文獻中，鮮見息、思通假的例證。第四，《周南·漢廣》篇中，息、思並存，若爲通假，後面三處的「思」也應該假借爲「息」字才是。但實際上，本篇中只有第一處作「息」，其他地方都作「思」。

由以上分析可以推斷，《漢廣》「不可休息」，後世的《毛詩》傳本作「息」，並不宜被認定爲「思」的通假字，而更應該被認定爲「思」的訛字。

二、《荀子》中的「諰」當爲「諰」之訛

《荀子·樂論》開篇一段曰：

> 先王惡其亂也，故制《雅》《頌》之聲以道之，使其聲足以樂而不流，使其文足以辨而不諰，使其曲直、繁省、廉肉、節奏足以感動人之善心，使夫邪污之氣無由得接焉。是先王立樂之方也，而墨子非之，奈何！

這裡的「使其文足以辨而不諰」，於義晦澀難解。王先謙《荀子集釋》於此未發表自己的意見，只是引錄了盧文弨和郝懿行的觀點：

> 盧文弨云：《禮記·樂記》作「論而不息」，《史記·樂書》作「綸而不息」，此作「諰」，乃「諰」之訛。《莊子·人間世篇》「氣息茀然」，向本作「諰」，崔本同。案《詩》「南有喬木，不可休息」，「息」，亦是「思」字。此二字形近易訛也。　郝懿行曰：「諰」乃別字，古止作「息」，《樂記》作「論而不息」是也。《荀書》多以「諰」爲

「葸」，此又以「諰」爲「息」，皆假借也。〔註9〕

盧文弨以爲這裡的「諰」是「諰」的訛字，而郝懿行以爲是假借。梁啓雄《荀子簡釋》曰：

> 諰，當作「偲」。《廣雅·釋言》：「偲，佞也。」《鹽鐵論·刺議》：「以邪導人謂之佞。」是佞有邪義，則偲亦有邪義了。此謂：使樂之文辭足以明瞭而不邪。〔註10〕

梁啓雄認爲「諰」當作「偲」，訓作邪佞，然而改字之舉殊爲迂曲。《故訓匯纂》列「諰」字義項12條，其中釋義的9條，分別是：「（1）思之意。（2）思意。（3）言且思之。（4）言且思之意，心有所懼也。（5）懼。（6）語失也。（7）知之也。（8）直言。（9）又作猨，又作偲，皆訓懼，與思訓義近。」〔註11〕然而這幾個義項都不能作爲《荀子》此句的解釋。

　　前文引盧文弨說，已經指出《禮記·樂論》和《史記·樂書》中都有與這一段話相近的語句，現錄之於下。《禮記·樂記》曰：

> 先王恥其亂，故制《雅》《頌》之聲以道之，使其聲足樂而不流，使其文足論而不息，使其曲直、繁瘠、廉肉、節奏足以感動人之善心而已矣。不使放心邪氣得接焉，是先王立樂之方也。

今通行本《史記·樂書》曰：

> 先王惡其亂，故制《雅》《頌》之聲以道之，使其聲足以樂而不流，使其文足以綸而不息，使其曲直、繁省、廉肉、節奏，足以感動人之善心而已矣。不使放心邪氣得接焉，是先王立樂之方也。

按司馬遷所著《史記·樂書》亡佚，今本係後人所補，而今本《史記·樂書》的這段話，是取自《荀子·樂論》和《禮記·樂記》的。陳振孫《直齋書錄解題》明言：

> 案班固云：「遷據《左氏》《國》，接其後事，迄於大漢，斯以勤矣。十篇缺，有錄亡書。」張晏曰：「遷沒之後，語」，採《世本》《戰國策》，述《楚漢春秋》，亡《景》《武紀》、《禮》《樂》《兵書》、《漢興將相年表》、《三王世家》、《日者》、《龜策傳》、《靳歙傳寬列

〔註9〕 王先謙：《荀子集解》，北京：中華書局，1988年，第379頁。

〔註10〕梁啓雄：《荀子簡釋》，北京：中華書局，1983年，第277頁。

〔註11〕宗福邦、陳世鐃、蕭海波主編：《故訓匯纂》，北京：商務印書館，2003年，第2137頁。

傳》。元、成之間，褚先生補作《武紀》、《三王世家》、《日者》《龜
策傳》。言辭鄙陋，非遷本意也。」顏師古曰：「本無《兵書》，張說
非也。」今案此十篇者，皆具在，褚所補《武紀》，全寫《封禪書》，
《三王世家》但述封拜策書，二列傳皆猥釀不足進（道），而其餘六
篇，《景紀》最疏略，《禮》《樂書》騰荀子《禮論》、河間王《樂記》，
《傅靳列傳》與《漢書》同，而《將相年表》迄鴻嘉，則未知何人
所補也。〔註12〕

如陳振孫所說，則今本《史記・樂書》與《荀子・樂論》和《禮記・樂記》
之間有著直接的文獻傳承關係。今本《史記》用「息」字，其古字爲「諰」。
將此三書中的文字對照，可知盧文弨說可從，《荀子》中的「諰」是「諰」的
訛字。至於郝懿行之說，准前文所論，則是值得商榷的，我們並不宜認定二
字爲假借關係。

其實，此處「息」「思」互訛的情況，清儒王念孫《讀書雜志》中早已指
出：

> 「使其文足以辨而不諰」，盧云：「《禮記・樂記》作『論而不
> 息』，《史記・樂書》作『綸而不息』，此作『諰』，乃『諰』之訛。
> 《莊子・人間世篇》『氣息茀然』，向本作『諰』，崔本亦同。案《詩》
> 『南有喬木，不可休息』，『息』，亦是『思』字。此二字形近易訛
> 也。」〔註13〕

王念孫明確提出息、思二字「形近易訛」，並未提及通假，他的觀點很明顯。

三、「思」「息」互訛的其他例證

在傳世文獻中，還有一些地方存在「思」「息」互訛的情況。曾良先生《俗
字及古籍文字通例研究》提供過一個例證：

> 《大正藏》第五十四冊載敦煌本《序聽迷詩所經一卷》：「爾時
> 彌師訶說天尊序娑法云：異見多少誰能說？經義難息事誰能說？天
> 尊在後顯何在？停止在處其何？」（頁1286）按：「息」字費解，究
> 其文義，當是「思」的異體之訛。「思」的異體作「息」，本是正字，

〔註12〕陳振孫撰，徐小蠻、顧美華點校：《直齋書錄解題》，上海：上海古籍出版社，
2015年，第96頁。
〔註13〕王念孫撰，徐煒君等校點：《讀書雜志》，上海：上海古籍出版社，2015年，
第1851頁。

與「息」字形近。慧琳《一切經音義》卷二十九「息忖」條：「上思字，從囟，囟音信。謚法曰：深謀遠慮曰息。經作思，俗字也。」（頁1144）又如「細」字，右旁「田」本是「囟」的訛變。〔註14〕此說甚辨，可從，則此爲「思」之訛「息」之一例。除此例之外，傳世文獻中還可以找到以下例證。

比如：「遊息」「遊思」二詞並存，其義不同。如，揚雄《逐貧賦》：「貧遂不去，與我遊息。」《文選》卷二十四陸士衡《贈馮文羆》：「昔與二三子，遊息承華南。」《文選》卷五十九王簡棲《頭陀寺碑文》：「神足遊息，靈心往還。」〔註15〕《晉書》卷九十四《隱逸傳·索襲傳》言索襲「遊思於陰陽之術，著天文地理十餘篇，多所啟發」〔註16〕。《魏書》卷四十八《高允傳》載高允《徵士頌》曰：「茂祖縈單，夙離不造。克己勉躬，聿隆家道。敦心六經，遊思文藻。終辭寵命，以之自保。」〔註17〕《北史》卷三十一《高允傳》引同。〔註18〕《文選》卷二十九張景陽《雜詩》其八：「遊思竹素園，寄辭翰墨林。」張銑注曰：「竹素皆乃古人所用書之者，言遊思典籍也。言園，謂廣也。」〔註19〕而明人歐大任《歐虞部集》中《答黎惟敬詩》曰：「遊息竹素園，結託丘樊客。」《淵鑒類函》卷三百三《人部六十二·贈答五》引同。〔註20〕丘樊客，謂農耕者或隱居者。此處與前文「竹素園」對言，當指前者。如此，則《答李惟敬詩》中「遊息」於義不通，當作「遊思」爲是。歐氏之詩當係化用張景陽《雜詩》之句，此乃「思」之訛「息」的又一例。

又如：《文選》卷十六司馬長卿《長門賦》：「左右悲而垂淚兮，涕流離而從橫。舒息悒而增欷兮，蹝履起而徬徨。揄長袂以自翳兮，數昔日之諐殃。無面目之可顯兮，遂頹思而就床。」李善《注》：「《廣雅》：『頹，壞也。』言壞其思慮而就床。」〔註21〕按，此釋迂曲難通。二「壞」字，宋刊《六臣注

〔註14〕 曾良：《俗字及古籍文字通例研究》，南昌：百花洲文藝出版社，2006年，第38頁。
〔註15〕 蕭統編，呂延濟等注：《日本足利學校藏宋刊明州本六臣注文選》，北京：人民文學出版社，2008年，第375頁上、895頁下。
〔註16〕 房玄齡等：《晉書》，北京：中華書局，1974年，第2448～2449頁。
〔註17〕 魏收：《魏書》，北京：中華書局，1974年，第1082頁。
〔註18〕 李延壽：《北史》，北京：中華書局，1974年，第1127頁。
〔註19〕 蕭統編，呂延濟等注：《日本足利學校藏宋刊明州本六臣注文選》，第459頁下。
〔註20〕 《淵鑒類函》卷三百三，清光緒丁亥（1887）上海同文書局石印本，第7頁。
〔註21〕 蕭統編，李善注：《文選》，北京：中華書局，1977年，第229頁上。

文選》作「懷」〔註22〕。即使此處「頹」釋懷，懷思，亦非指「懷其思慮」，而是指思念，如《毛傳》謂：「懷，思也。」《文選》卷十八馬季長《長笛賦》有「雷歎頹息，招摉摵摽」之句，李善注曰：「歎聲若雷，息聲若頹也。」又曰：「《爾雅》曰：『墳輪謂之頹。』郭璞曰：『暴風從上下也。』」〔註23〕按，此顯非文義。雷歎、頹息對仗，指雷然之歎、頹然之息，皆誇言心悲之情。六臣注曰：「同爲歎息，魂神摧墜。」〔註24〕得之。考此義與《長門賦》相合，故疑《長門賦》「頹思」當作「頹息」。是此處亦可爲「息」訛「思」之一例。

再如：《文選》卷十七傅武仲《舞賦》：「明詩表指，噴息激昂。」〔註25〕《全後漢文》所錄同。《四部叢刊》本《焦氏易林·師之咸》：「絕無以北，惆然會息。」〔註26〕會息，《士禮居叢書》本同，《續道藏》本作「噴思」〔註27〕，王念孫《讀書雜志餘編》引此文亦作「噴思」〔註28〕。此「息」「思」二字顯有一爲訛字。王念孫《讀書雜志餘編》「遂頹思而就床 靁歎頹息」條於此例及上例有論曰：

> 「無面目之可顯兮，遂頹思而就床」，李善曰：「《廣雅》曰：『頹，壞也。』言壞其思慮而就床。」引之曰：李説非也。「思」當爲「息」，字之誤也。馬融《長笛賦》曰：「靁歎頹息。」（靁，歎聲也。下文「靁叩鍛之岌峇兮」，靁亦謂叩鍛聲也。「頹」猶「噴」也，太息之聲也。李善曰：「歎聲若雷，息聲若頹。」引《爾雅》「焚輪謂之頹」，皆失之。）陸機《弔魏武帝文》曰：「循膚體而頹歎。」陸雲《登遐頌》曰：「絕音頹息。」頹之言噴也。噴然太息而就床也。傅毅《舞賦》「噴息激昂」，李善曰：「《韓詩外傳》曰：『魯哀公噴然太息。』《説文》曰：『噴，太息也。』『噴』，與『喟』同。」（以上李善注。）《易林·師之咸》曰：「絕無以北，惆然噴思。」「思」亦「息」之誤。《噬嗑之復》曰：「絕無以北，惆然憤息。」「憤」

〔註22〕蕭統編，呂延濟等注：《日本足利學校藏宋刊明州本六臣注文選》，第 242 頁上。又見蕭統編，呂延濟等注：《六臣注文選》，北京：中華書局，2012 年，第 295 頁下。

〔註23〕蕭統編，李善注：《文選》，第 249 頁上。

〔註24〕蕭統編，呂延濟等注：《日本足利學校藏宋刊明州本六臣注文選》，第 268 頁上。

〔註25〕蕭統編，呂延濟等注：《日本足利學校藏宋刊明州本六臣注文選》，第 264 頁下。

〔註26〕焦延壽：《焦氏易林》卷二，《四部叢刊》本，第 45 頁。

〔註27〕焦延壽：《焦氏易林》卷二，《續道藏》本，第 10 頁。

〔註28〕王念孫撰，徐煒君等校點：《讀書雜志》，第 2690 頁。

又「嘖」之誤也。〔註29〕

又考《焦氏易林‧噬嗑之復》：「阻絕以無，惆然憤息。」〔註30〕《焦氏易林‧大壯之鼎》：「絕無以北，惆然憤息。」〔註31〕按，北、息爲韻，皆職部字。《易林》中嘖思、憤息皆不辭。《說文》：「嘖，太息也。」嘖、息連用，指嘖然太息，言太息程度之深。《易林‧師之咸》「嘖思」當作「嘖息」，是此處爲「息」訛「思」之又一例。又，《噬嗑之復》《大壯之鼎》「憤息」，「憤」，當作「憒」，字又作「憒」，因形近而訛成「憤」。此「憒」讀爲「嘖」，惆悵與煩憒是兩種不同心緒。

上文所論，是傳世文獻中的情況。在出土文獻中，也存在一處很可能是「息」字訛作「思」字之例。長沙子彈庫楚帛書乙篇中有一個「思」字，李零先生認爲：

> 思，疑借爲息，《詩‧周南‧漢廣》「不可休思」，《釋文》：「本或作息」，惠棟《九經古義》云思與息通（阮氏《校勘記》以字誤說之，非是）；「思」上一字殘，疑與息反義，可能是「作」一類意思。
> 〔註32〕

此說可從，王輝先生《古文字通假字字典》亦收此例。只是，結合上文之論，「息」「思」二字更可能是書寫中產生的錯訛，而並非通假。

四、餘 論

上文僅就筆者所知，羅列典籍中「息」「思」互訛的幾個例證，並不全面，典籍中應該還有一些「息」「思」二字互訛的例證；此外，應該還有一些與此相類的形近相訛的情況。以往學者多有將其誤認爲音近通假，而其實質上，更可能是形近互訛，儘管我們只能依理推測，沒有直接的證據來證明。已經有學者注意到，出土文獻中存在錯別字，引起學界廣泛注意。〔註33〕事實上，

〔註29〕王念孫撰，徐煒君等校點：《讀書雜志》，第 2690 頁。

〔註30〕焦延壽：《焦氏易林》卷六，《四部叢刊》本，第 7 頁。「阻絕以無」，《續道藏》本作「絕無以北」，當從《續道藏》本。

〔註31〕焦延壽：《焦氏易林》卷九，《四部叢刊》本，第 35 頁。

〔註32〕李零：《長沙子彈庫戰國楚帛書研究》，北京：中華書局，1985 年，第 73 頁。

〔註33〕如裘錫圭：《談談上博簡和郭店簡中的錯別字》，《裘錫圭學術文集》第 2 冊，上海：復旦大學出版社，2012 年，第 372～377 頁；劉信芳：《關於竹書「錯別字」的探討》，《考古》，2006 年第 10 期；曹菁菁：《從郭店簡看楚兼「錯別字」問題》，《中國典籍與文化》，2014 年第 1 期；等等。

在刻本出現之前，文獻輾轉傳抄，抄手的書寫習慣、識字水準、閱讀心理等，都爲訛字的產生提供了可能性。虞萬里先生曾提出聲同聲近中有形誤因素存在，並撰《三禮鄭注「字之誤」類徵》一文力證其說〔註34〕，本文的研究，也可作爲其說的一個補充。形近互訛被誤認爲音近通假的例子，先秦兩漢文獻中應該還有不少，有待我們進一步研究。

　　此外，先唐文獻歷時久遠，其中有一些文義晦澀之處，可能也是由於抄手寫了一個形訛字，以致學人曲爲之解而不得其義，這也有待我們進步一去辨析。我們雖然不提倡輕易改字，但是也不能因此而束縛思維，不作深入探究。本文的研究只是一個個案，不過，筆者以爲，這種情況在傳世文獻中應該較爲廣泛地存在，可視作一類現象。我們在校讀傳世的先唐文獻時，應該注意這樣的現象。

（本文原刊於《國學學刊》，2017 年第 1 期）

〔註34〕虞萬里：《三禮鄭注「字之誤」類徵》，《榆枋齋學林》，上海：華東師範大學出版社，2012 年，第 339～403 頁。

阮元本《十三經注疏》誤刻六則
——兼談古籍校勘中參校對象的問題

　　《十三經注疏》是古代文史研究者不可不讀之書。阮元主持刊刻《十三經注疏》附《校勘記》，刻工精整，校勘精審，號稱善本，向爲學界所稱道，故學者多用此本。然是書亦偶有誤刻，或爲錯訛，或爲脫漏。北京大學整理標點本據此標點，亦有未審之處，本文一併正之。

一

　　阮刻《毛詩正義》卷四《鄭風・子衿》：「青青子衿，悠悠我心。」其下《經典釋文》曰：「青如字學子以青爲衣領緣衿也或作菁音非純章允反又之閏反。」〔註1〕《四部叢刊》影宋巾箱本亦同。〔註2〕北大繁體標點本據此標點爲：「青如字。學子以青爲衣領緣衿也，或作菁，音非純、章允反，又之閏反。」〔註3〕此處「音非純」，甚爲不辭。《四庫全書》本《毛詩注疏》「音非」下還有一「也」字。筆者核之上海古籍出版社出版的影印宋刻宋元遞修本《經典釋文》，發現此處「音非」下脫一「也」字。〔註4〕再核之黃焯

〔註1〕 （清）阮元校刻：《十三經注疏》，北京：中華書局，1980 年，第 345 頁上。

〔註2〕 不題撰人：《十三經》（影《四部叢刊》初編初印本），上海：上海書店出版社，1997 年，第 194 頁下。

〔註3〕 （漢）毛亨傳，（漢）鄭玄箋，（唐）孔穎達疏：《毛詩正義》（繁體標點本），北京：北京大學出版社，2000 年，第 367 頁。

〔註4〕 （唐）陸德明：《經典釋文》（影宋刻宋元遞修本），上海：上海古籍出版社，1985 年，第 253 頁。

先生《經典釋文彙校》，其所據之本，「音非」二字下亦有「也」字。〔註5〕黃焯先生《經典釋文彙校‧前言》已經指出，阮刻《十三經注疏》所收的《毛詩音義》「所稱宋本，係指葉鈔」〔註6〕，也就是明末葉林宗據錢謙益絳雲樓藏本所鈔本。其有誤鈔，在所難免。故此處阮刻《毛詩正義》脫一「也」字明矣。則此處應標點爲：「青，如字；學子以青爲衣領緣衿也；或作菁音，非也。純，章允反，又之閏反。」據《經典釋文》的反切，這裡的「純」，今音讀作 zhǔn，今《漢語大字典》亦收此義項。常森先生謂朱子《詩集傳》注文之「純」音準，是也。但其據元明清諸家《詩》說，並據《儀禮‧士冠禮》以補證，〔註7〕是不知《經典釋文》早有定論矣。

又，兩種《經典釋文》「學子」皆作「學生」，尤其是黃焯先生的《匯校》，於此處並未出校，是其所見《經典釋文》諸本皆同，但卻與《毛詩正義》諸本皆異。此外，《四庫全書》本《經典釋文》作「學生」。此處《毛傳》、《鄭箋》均言及「學子」，而未提「學生」，則此處或爲宋本《釋文》誤刻，故可仍按《正義》作「學子」，但宜出以校記，兩存其說。

二

阮刻《春秋左傳正義》卷十七《僖公三十三年》：「凡君薨，卒哭而祔。」杜預注曰：「既葬反虞則免喪故曰卒哭止也。」〔註8〕北大繁體標點本據此標點爲：「既葬，反虞則免喪，故曰『卒哭』止也。」〔註9〕此處「故曰『卒哭』止也」，義甚晦澀。筆者點校清人汪由敦《松泉集》時，偶然發現此書刻本卷二十二《祔主》一文引此作：「既葬，反虞則免喪，故曰卒哭。卒，止也。」〔註10〕《四庫全書》本《松泉集》同。北宋版《通典》卷四十八亦引此文，〔註11〕《松泉集》之引文當據此。浙江古籍出版社影印萬有文庫本作：「既

〔註5〕（唐）陸德明撰，黃焯彙校：《經典釋文彙校》，北京：中華書局，2006 年，第 149 頁。

〔註6〕（唐）陸德明撰，黃焯彙校：《經典釋文彙校》，第 2 頁。

〔註7〕常森：《「純緣」還是「純緣」：一個〈詩經〉學的誤讀》，《文獻》，2010 年第 1 期，第 106 頁。

〔註8〕（清）阮元校刻：《十三經注疏》，1834 頁中。

〔註9〕（唐）孔穎達：《春秋左傳正義》（繁體標點本），北京：北京大學出版社，2000年，第 551 頁。

〔註10〕（清）汪由敦：《松泉集》卷二十二，清乾隆汪承霈刊本，第 12 頁上。

〔註11〕（唐）杜佑著，〔日〕長澤規矩也、尾崎康校訂，韓昇譯訂：《北宋版通典》

葬，及虞則免喪，故曰卒哭。卒，止也。」〔註12〕是「反」誤爲「及」。再核之《四部叢刊》本《左傳》卷七，則爲：「既葬，反虞則免喪，故曰卒哭，哭止也。」〔註13〕敦煌寫本《春秋經傳集解》〔註14〕、宋慶元六年紹興府刻宋元遞修本《春秋左傳正義》〔註15〕、汲古閣本《毛氏春秋注疏正本》〔註16〕、《四庫全書》本《春秋左傳注疏》均同。尤其是六朝的敦煌寫本《春秋經傳集解》，傳抄較早，訛誤較少，是版本上的絕好證明。而宋慶元六年紹興府刻宋元遞修本《春秋左傳正義》，被傅增湘先生譽爲《左傳》「注疏合刻最善之本。」〔註17〕亦可以作爲版本上的一個力證。據這些版本上的證明，則杜注「止也」之上顯乎脫一「哭」字。且增此一字，義較原文順暢。孔穎達《正義》疏此，曰：「自初死至於卒哭，晝夜哭無時，謂之『卒哭』者，卒此無時之哭。自此以後，唯朝夕哭耳。天子諸侯則於此除喪全不復哭也。」〔註18〕是正以此處爲「哭止」也。

脫字或可爲「卒」，於義亦通，是以「止」釋「卒」。然「卒哭」是祭名，實爲一詞，不必拆詞爲訓，故當仍以脫一「哭」字爲是。此處應標點爲：「既葬，反虞則免喪，故曰卒哭，哭止也。」標點本《春秋左傳集解》作「既葬反虞則免喪，故曰卒哭。哭止也。」〔註19〕似亦可商。

三

宋刻宋元遞修本《經典釋文·毛詩音義》於「召南鵲巢第二」下有「召，亦地名也，在岐山之陽，扶風雍縣南有召亭。案：周、召皆周之舊土。文王受命後，以賜二公爲荣地。二南之風，皆文王未受命之詩也。《周南》十一

第 3 卷，上海：上海人民出版社，2008 年，第 90 頁。
〔註12〕（唐）杜佑著：《通典》第 2 版，杭州：浙江古籍出版社，2007 年，第 277 頁。
〔註13〕不題撰人：《十三經》（影《四部叢刊》初編初印本），第 997 頁下。
〔註14〕李索：《敦煌寫卷〈春秋經傳集解〉校證》，北京：中國社會科學出版社，2005 年，第 178 頁。
〔註15〕（唐）孔穎達：《春秋左傳正義》卷十三，宋慶元六年紹興府刻宋元遞修本，第 52 頁。
〔註16〕（唐）孔穎達：《毛氏春秋注疏正本》卷十七，明崇禎汲古閣刊本，第 26 頁。
〔註17〕（清）莫友芝撰，傅增湘訂補，傅熹年整理：《藏園訂補郘亭知見傳本書目》，北京：中華書局，2009 年，第 104 頁。
〔註18〕（唐）孔穎達：《春秋左傳正義》（繁體標點本），第 552 頁。
〔註19〕（晉）杜預：《春秋左傳集解》，上海：上海人民出版社，1977 年，第 415 頁。

篇，是先王之所以教聖人之深跡，故繫之公旦。《召南》十四篇，是先王之教化，文王所行之淺跡，故繫之君奭。」〔註20〕計九十六字。黃焯先生據徐乾學通志堂本為底本所撰之《經典釋文彙校》亦有此九十六字，並於「文王受命後，以賜二公為菜地」有校語：「宋本同，盧本『後以』二字互倒。」〔註21〕是盧文弨抱經堂本亦有此九十六字，惟有乙文而已。《四部叢刊》影宋巾箱本《毛詩》亦有此九十六字，〔註22〕《四庫全書》本《毛詩注疏》此處無此九十六字。阮刻《毛詩正義》於「召南鵲巢故訓傳第二」下無此九十六字，〔註23〕是漏刻也。北大整理本《毛詩正義》失校，亦無此九十六字，〔註24〕當據以補入，並依照體例在其前加上「陸曰」二字。

四

阮元刻《毛詩正義》於《召南·甘棠》一章「蔽芾甘棠，勿翦勿伐，召伯所茇」之「翦」字所附音義為：「翦，子踐反；《韓詩》作『箋』，初簡反。」〔註25〕初簡反的所切出來的讀音和「箋」字聲紐不同，很明顯，阮元刻本這裡有誤。核以宋刻宋元遞修本《經典釋文》，這裡作：「勿翦，子踐反，去也；《韓詩》竹『劗』，初簡反。」〔註26〕而黃焯《經典釋文彙校》作：「勿翦，子踐反，去也；《韓詩》作『劗』，初簡反。」〔註27〕宋刻宋元遞修本這裡的「竹」顯為誤字。據《經典釋文》，這裡當作「劗」，而「劗」字正讀作初簡反。所以，我們可以斷定，阮元刻本中的「箋」字為誤刻，當改作為「劗」字。《四部叢刊》影宋巾箱本《毛詩》此處正作：「翦，子踐反；《韓詩》作『劗』，初簡反。」〔註28〕《四庫全書》本《毛詩注疏》亦與此同。北大整理校點本仍按照阮元刻本點校，一仍其誤。〔註29〕愚以為，這裡北大整理點校本可以直接將「箋」字改作「劗」字，再出校記點明阮刻之誤。

〔註20〕（唐）陸德明：《經典釋文》（影宋刻宋元遞修本），第 212 頁。
〔註21〕（唐）陸德明撰，黃焯彙校：《經典釋文彙校》，第 125 頁。
〔註22〕不題撰人：《十三經》（影《四部叢刊》初編初印本），第 160 頁下。
〔註23〕（清）阮元校刻：《十三經注疏》，第 283 頁下。
〔註24〕（唐）孔穎達：《毛詩正義》（繁體標點本），第 74 頁。
〔註25〕（清）阮元校刻：《十三經注疏》，287 頁下。
〔註26〕（唐）陸德明：《經典釋文》（影宋刻宋元遞修本），第 215 頁。
〔註27〕（唐）陸德明撰，黃焯彙校：《經典釋文彙校》，第 126 頁。
〔註28〕不題撰人：《十三經》（影《四部叢刊》初編初印本），第 162 頁上。
〔註29〕（唐）孔穎達：《毛詩正義》（繁體標點本），第 92 頁。

五

　　阮元刻《毛詩正義》於《邶風·簡兮》「赫如渥赭，公言錫爵」句下未錄《釋文》。〔註30〕此處宋刻宋元遞修本《經典釋文·毛詩音義》中有：「赫如，虛格反。渥，於角反；厚也。赭，音者；丹也。有畀，必寐反；與也。輝，字亦作『韗』；暄願反，劉昌宗音運；甲吏之賤者。胞，步交反；肉吏之賤者。翟，樂吏之賤者。閽，音昏；守門之賤者。一散，素但反；酒爵也，容五升也。厚傅，音付。」〔註31〕計八十字。黃焯先生《經典釋文彙校》與此略異，有七十九字：「必寐反」作「如寐反」，「素但反」作「素旦反」，「容五升」後無「也」字。黃先生又有校語曰：「『如』爲『必』之訛，宋本作『必』。」「宋本『升』下有『也』字。阮云：『小字本所附有，當是《釋文》舊如此。』」〔註32〕從黃先生的校語來看，阮元所見《經典釋文》中應該有此一段，而且《十三經注疏校勘記》當中應該有對此段文字的校勘記，但爲董事者所刪去，或手民所漏刻。《校勘記》於「渥厚漬也」下有阮元校語：

　　　　小字本、相臺本同。案：此《正義》本也云「《定本》『渥，厚也』，無『漬』字。」考《釋文》『渥』下云『厚也』，亦無『漬』字，故下不爲『漬』字作音。《釋文》本與《定本》同也。〔註33〕

這也是阮元本《毛詩正義》於此處有刪去或漏刻之證。

　　《四部叢刊》影宋巾箱本《毛詩》此處有「赫，虛格反。渥，於角反。赭，音者；丹也。畀，必寐反；與也。輝，字亦作『韗』；暄願反，劉昌宗音運；甲吏之賤者。胞，步交反；肉吏之賤者。翟，樂吏之賤者。閽，音昏；守門之賤者。散，素但反；酒爵也。厚傅，音付。」〔註34〕計七十一字。惟誤未以「翟」字作陰文。這裡較宋刻宋元遞修本少九字：「赫如」之「如」、「厚也」、「一散」之「一」、「厚傅」之「厚」，以及「容五升也」。《四庫全書》本《毛詩注疏》與此略同，惟「必寐反」作「如寐反」，「素但反」作「素旦反」。核之《毛詩正義》所附《毛詩音義》之體例，凡釋義與《毛傳》、《鄭箋》同者皆不錄，故阮元本《毛詩正義》知應於《四部叢刊》影宋巾箱本之七十一

〔註30〕　（清）阮元校刻：《十三經注疏》，第308頁下。
〔註31〕　（唐）陸德明：《經典釋文》（影宋刻宋元遞修本），第228頁。
〔註32〕　（唐）陸德明撰，黃焯彙校：《經典釋文彙校》，第135頁。
〔註33〕　（清）阮元校刻：《十三經注疏》，第312頁上。
〔註34〕　不題撰人：《十三經》（影《四部叢刊》初編初印本），第172頁上。

字外，再補上所脫「容五升也」四字，爲：「赫，虛格反。渥，於角反。赭，音者；丹也。畀，必寐反；與也。輝，字亦作『韗』；暄願反，劉昌宗音運；甲吏之賤者。胞，步交反；肉吏之賤者。翟，樂吏之賤者。閽，音昏；守門之賤者。散，素但反；酒爵也，容五升也。傅，音付。」計七十五字。北大整理本雖於「渥厚漬也」處按語中參引阮元《校勘記》的成果（但是標點略有錯誤），但是未審阮元本《毛詩正義》之有脫文，一仍其誤，〔註35〕亦當據以補入此七十五字。

<h1 style="text-align:center">六</h1>

阮元刻《毛詩正義》於《邶風・北風》第一章「其虛其邪，既亟只且」句下未錄《釋文》。〔註36〕此處宋刻宋元遞修本《經典釋文・毛詩音義》中有：「其邪，音餘，又音徐；《爾雅》作『徐』，下同。既亟，紀力反，急也；下同。只，音紙。且，子餘反，下同。『虛，虛也』，一本作『虛，徐也』。之行，下孟反。」〔註37〕計四十五字。黃焯先生《經典釋文彙校》與此略異，惟少「子餘反」下「下同」二字。並有校語：「宋本、葉鈔、朱鈔反語下有『下同』二字。阮謂：『小字本、相臺本所附亦有，盧本未補。』」〔註38〕《四庫全書》本《毛詩注疏》同黃焯《經典釋文彙校》。由此可知，此處阮刻本亦屬漏刻，其誤同上則。依照阮刻本所附《毛詩音義》體例，當補入「邪，音餘，又音徐；《爾雅》作『徐』，下同。亟，紀力反，下同。只，音紙。且，子餘反，下同。『虛，虛也』，一本作『虛，徐也』。行，下孟反。」四十字。《四部叢刊》影宋巾箱本《毛詩》此處正有此四十字，惟未以「虛，虛也」作陰文。〔註39〕北大整理本亦延阮元本之誤，未補入此處脫文。〔註40〕

由上六則辨明阮元本之誤刻與北大整理標點本之失誤，筆者無絲毫貶低其價值之意，惟願藉此以覘古書校勘之難。校勘者不僅應以某書的諸多版本爲參校本，還應盡可能多地利用與之相關的材料來參校。此當爲校勘之公認

〔註35〕　（唐）孔穎達：《毛詩正義》（繁體標點本），第 193 頁。

〔註36〕　（清）阮元校刻：《十三經注疏》，第 310 頁中。

〔註37〕　（唐）陸德明：《經典釋文》（影宋刻宋元遞修本），第 229～230 頁。

〔註38〕　（唐）陸德明撰，黃焯彙校：《經典釋文彙校》，第 136 頁。

〔註39〕　不題撰人：《十三經》（影《四部叢刊》初編初印本），第 173 頁上。

〔註40〕　（唐）孔穎達：《毛詩正義》（繁體標點本），第 203 頁。

法則。請以第一則爲例。孔穎達《毛詩正義》，實際包括《毛傳》、《鄭箋》、陸德明《釋文》和孔穎達的《正義》。我們在校勘《毛詩正義》的時候，不僅應在辨明版本源流的基礎上，以《毛詩正義》的不同版本系統進行對校，還應參校以《毛傳》、《鄭箋》和《釋文》的不同版本系統的單行本，以及敦煌和其他出土文獻中的相關內容；甚至還應參校以後人書中之引文。至於《毛詩正義》中的引文，則應再核對以原書之不同版本。當然，後人書中所引《毛詩正義》之文者，應對有所考辨，方可決定是否作爲參校對象。比如，今北大整理本《毛詩正義》以馬瑞辰《毛詩傳箋通釋》和王先謙《詩三家義集疏》爲參校本，校證《毛傳》、《鄭箋》和《孔疏》文字異同則人可不必。廖廷相在廣雅書局本《毛詩傳箋通釋》跋中已經明確指出：「馬氏著此書，草草刻成，未及詳校，其中引用不免訛舛。」比如，《邶風·北風》：「北風其喈，雨雪其霏。」毛傳：「霏，甚貌。」北大整理本出校勘記曰：「『甚』，《毛詩傳箋通釋》作『盛』。」〔註41〕則大可不必。今核以他書，如陸德明《經典釋文》〔註42〕、宋呂祖謙《呂氏家塾讀詩記》〔註43〕、清胡承珙《毛詩後箋》引《毛傳》〔註44〕，此處均作「甚」，無有作「盛」者。此顯係馬氏之誤，故整理時不必出校勘記。王氏《詩三家義集疏》更爲後出，雖然其徵引《毛傳》、《鄭箋》等內容非出自阮元本《毛詩正義》，但其間如同馬瑞辰徵引文獻不加核對之毛病亦不能盡免，北大整理本《毛詩正義》有一些「某字，《詩三家義集疏》作某」的校勘記，其實本是王先謙著述時所產生的訛誤，根本不必作爲異文處理，而撰寫校勘記。北大整理本之《毛詩正義》以馬、王二書校異文，是不合適的。

但是，歷代《詩經》注疏，特別是清人的著作中的一些校勘成果，其中不乏創見，我們在整理《毛詩正義》的時候，也不能完全忽視。清人解《詩》注重校勘者，尤以段玉裁《毛詩故訓傳定本》、胡承珙《毛詩後箋》、馬瑞辰《毛詩傳箋通釋》和陳奐《詩毛氏傳疏》爲要。比如《毛詩後箋》於《大雅·綿》「其繩則直」條，認爲《毛傳》「言不失繩直也」當爲「言不失繩直之宜

〔註41〕　（唐）孔穎達：《毛詩正義》（繁體標點本），第203頁。

〔註42〕　（唐）陸德明：《經典釋文》（影宋刻宋元遞修本），第230頁。

〔註43〕　（宋）呂祖謙：《呂氏家塾讀詩記》，影《四庫薈要》本，長春：吉林出版集團，2005年，第67頁下。

〔註44〕　（清）胡承珙撰，郭全芝校點：《毛詩後箋》，合肥：黃山書社，1999年，第210頁。

也」；〔註45〕《毛詩傳箋通釋》於《邶風·凱風》「睍睆黃鳥」條，以爲《毛詩》古本當作「睆睆黃鳥」；〔註46〕《詩毛氏傳疏》校《衛風·考槃·序》下脫一「也」字〔註47〕等等，皆爲創見，整理時宜撰寫校勘記，吸收這些成果。

　　總而言之，校勘古書，實非易事。此雖非一日之功，亦非一人之力所能及。然吾輩眾人亦當勉力爲之，才可以盡最大可能地做到完善，以還古書原貌。

　　　　　　　　　　　　　　　（本文原刊於《船山學刊》，2012 年第 1 期）

〔註45〕　（清）胡承珙撰，郭全芝校點：《毛詩後箋》，第 1248 頁。
〔註46〕　（清）馬瑞辰撰，陳金生校點：《毛詩傳箋通釋》，北京：中華書局，1989 年，第 124 頁。
〔註47〕　（清）陳奐：《詩毛氏傳疏》卷五，清道光二十七年（1847）陳氏掃葉山莊刻本，第 5 頁反。